NIVEL-1

Entre Nosotros

AQUILINO SANCHEZ
Catedrático de
Universidad

MANUEL RIOS
Catedrático INB
Barcelona

J. A. MATILLA
Escuela Oficial de Idiomas
Barcelona

Nivel-1

SOCIEDAD GENERAL ESPAÑOLA DE LIBRERIA, S.A.

Primera edición, 1982

Segunda edición, 1985

Tercera edición, 1986

Cuarta edición, 1988

Quinta edición, 1989

Sexta edición, 1990

Séptima edición, 1991

Octava edición, 1993

Novena edición, 1995

MATERIAL DEL METODO
ENTRE NOSOTROS

NIVEL 1: Libro del Alumno.
Cuaderno de Ejercicios.
Guía didáctica.
Cassettes.

NIVEL 2: Libro del Alumno.
Cuaderno de Ejercicios.
Cassettes.

NIVEL 3: Libro del Alumno.
Cuaderno de Ejercicios.
Cassettes.

Producción:
SGEL-EDUCACION
Marqués de Valdeiglesias, 5 - 28004 Madrid

Director editorial: Luis Alonso
Dibujos: Trallero
Fotografía cubierta: Camarucci
Diseño cubierta: I. Belmonte
Maqueta: J. Martínez

ISBN: 84-7143-233-1
Depósito Legal: M-6.032-1995
Impreso en España - Printed in Spain

Compone: CRISOL
Imprime: LITOFINTER, S.A.
Encuaderna: F. Méndez

presentación

ENTRE NOSOTROS es un método para jóvenes y adultos concebido y elaborado sobre la base de los «programas nocional-funcionales». La selección del contenido, el qué enseñar o aprender, *ha estado presidida por un objetivo prioritario: posibilitar la comunicación inter-personal en español, dando prioridad a los aspectos orales de la lengua en el primer nivel para ir incrementando el énfasis en el lenguaje escrito en las siguientes etapas del aprendizaje.*

Al servicio de estos objetivos se han puesto todos los elementos auxiliares y técnicas utilizadas en cada unidad didáctica.

El método ofrece, además, un lenguaje real, *no artificial. Con ello pretendemos ajustarnos a lo que es el idioma en la comunicación diaria, dejando de lado aspectos más literarios o estilísticos cuya funcionalidad en el dominio fundamental de una lengua es escasa.*

Finalmente, ENTRE NOSOTROS no es un método excluyente, a pesar de que su punto de partida sea nocional-funcional. «Todo lo que sirva al aprendizaje, según los objetivos propuestos, *es utilizable y aprovechable»; esta es la idea que ha prevalecido en cada lección a la hora de adquirir y consolidar los contenidos.*

—Soy el director del Club.
  ¿Cómo está usted?

—¡Hola, Paco! ¿Cómo estás?

—¿Qué tal estás, Pepe?

6

Masako:	Buenos días, señor González. ¿Cómo está usted?
Sr. González:	Muy bien. ¿Y usted?
Masako:	Yo también estoy muy bien. Gracias.

Sr. González:	Esta es mi mujer. Se llama Marisa. Y éstos son mis tres hijos. (*A su mujer*) Este es Hiro, amigo de Masako.
Hiro:	¿Cómo está usted, señora?
Señora:	Muy bien, gracias.

Hiro:	¡Hola! Y tú, ¿cómo te llamas?
Niña:	Yo me llamo Isabel.
Niño 1:	Y yo, José.
Niño 2:	Y yo, María.
Hiro:	Mi nombre es Hiro. ¿Cómo estáis?
Niños:	Muy bien, gracias.

Carmen:	Este es mi amigo Luis.
Luis:	Mucho gusto.
Juan:	Encantado.

—Mi mujer, Carmen.
—Mucho gusto.
—Encantada.

I. Conversación: Completa el siguiente diálogo de presentación:

1. Formal

A: Buenos días, señor .... ¿Cómo está usted?
B: ....

2. Coloquial

A: ¡Hola!, ¿ .... ?
B: Muy bien. ....

II. Completa. Presenta a tus amigos:

A: Este/ésta ....
B: ....
C: Encantado/a.

III. Haz un diálogo para cada dibujo.

I. Pregunta a tu compañero cómo se llama y cómo está:

a) A: ¿Cómo te llamas?/¿ .... se llama usted?

   B: Me llamo ....

b) A: ¿Cómo estás?

   B: ....

II. Completa según el modelo:

Juan	: Es mi amigo
María	: .... mi amiga

1. Pilar : ....

2. José : ....

3. Pedro : ....

4. Luis : ....

5. Ana : ....

III. Rellena el siguiente impreso *(D.N.I.: Documento Nacional de Identidad).*

NACIÓ EN _____ PROV. _____
EL ___ DE _____ DE 1__ HIJO DE _____
Y DE _____ E.CIVIL ___ PROF. _____
DOMIC. EN _____ PROV _____
CALLE _____ Nº _____
EXPEDIDO EN _____ PROV. _____
EL DÍA ___ DE _____ DE 19___ CADUCA A LOS 5 AÑOS
GRUPO SANGUÍNEO
FIRMA DEL TITULAR

A: ¡Hola, Mari!
   ¿Qué tal estás?

B: Muy bien, Pepe.
   ¿Y tú?

A: Yo muy bien.
   ¡Qué guapa estás hoy!

B: Gracias. Eres muy amable.

María:	Y tú, ¿cómo te llamas?
Pepito:	M ....
María:	Di, ¿cómo te llamas?
Pepito:	... Me ....
María:	¿Cómo?
Pepito:	Me... llamo ....
María:	¿Cómo?
Pepito:	... Pepito.
María:	¿Y tú?
Pedro:	Yo me llamo Pedro.

OBSERVA

I.

A: ¿Son **tus** hijos?
B: Sí, son **mis** hijos.

A: **Es mi** amigo Juan
   Está de vacaciones

II.

¿Cómo ¿Qué tal	está estás	usted? tú?		Estoy	muy bien bien
	estáis	vosotros?		Estamos	mal

¿Cómo	te se	llamas? llama usted?		Me	llamo	Juan

¿Cómo	se	llama él/ella?		Se	llama	Juan

Mi nombre es	Hiro

Este Esta	es	mi amigo María
Estos	son	mis hijos

Rosa:	Es una fiesta muy divertida, ¿verdad?
Jaime:	Sí, sí, muy divertida.
Rosa:	Yo trabajo mucho. Necesito fiestas así.
Jaime:	Claro, yo también.
Rosa:	Trabajo mañana y tarde. Es muy pesado.
Jaime:	¿Eres profesora?
Rosa:	No, no soy profesora. Soy técnico en publicidad. Y tú, ¿qué haces? ¿En qué trabajas?
Jaime:	Pues yo soy profesor
Rosa:	¡Qué interesante! ¿Y dónde trabajas?
Jaime:	En un colegio nacional, en Granada.

I. Pregunta a tus compañeros (según los dibujos)

A: ¿Qué es? / ¿Qué hace?

B: ....

1. María es enfermera.

2. José es dependiente.

3. Luis es secretario.

4. Pilar es ama de casa.

5. Juan es médico.

6. Alfredo es arquitecto.

II. Preséntate a tus compañeros:

A: Soy ....

B: ....

A: ....

14

I. Completa según el modelo:

a) A: *¿Eres enfermera?*
   B: *Sí, soy enfermera.*
      No, no soy enfermera. Soy médico.

b) A: ¿Eres .... ?
   B: Sí, ...
      No, ...

II. Practica con tu compañero según el modelo:

A: ¿Qué es Juan? B: Es médico. A: ¿Dónde trabaja? B: Trabaja en un hospital.	0. médico 1. profesor 2. mecánico 3. secretaria 4. director 5. empleado 6. dependiente 7. futbolista	hospital escuela taller oficina banco fábrica tienda campo de fútbol	Juan Pedro Felipe Laura Manuel Fernando Ana Luis

III. Completa: Di qué hace y dónde trabaja:

- Mi padre es -
- Trabaja en -
- Mi madre es - - - - - - - - - - - - - - - - - - -
- Trabaja en -
- Mi amigo -
- -
- Mi amiga -
- -
- etc - - -

15

OBSERVA

¿Dónde	trabajas, trabaja	Juan?

→

Trabajo	en	un hospital
Trabaja	en	una fábrica

¿Qué	eres, es	Juan?
	haces, hace	Juan?

→

Soy	profesor
	enfermero

¿Eres	profesor?

→

Sí		soy profesor
No,	no	

I. Completa:

A: ¿Qué haces?

B: ....

A: ¿Y dónde trabajas?

B: ....

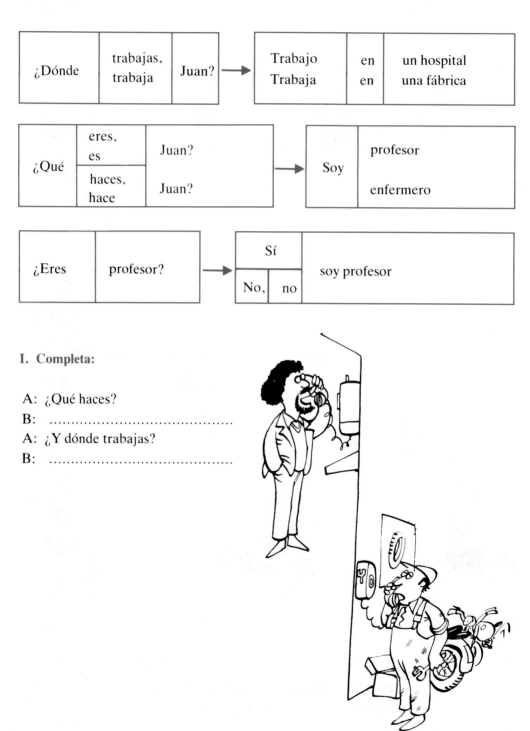

UN EQUIPO DE FUTBOL

7. ....
....

3. ....
....

Soy el número uno.
Me llamo ....

9. ....
....

5. ....
....

8. ....
....

6. ....
....

2. ....
....

4. ....
....

10. ....
....

11. ....
....

UNO, DOS, TRES, CUATRO, CINCO, SEIS,
SIETE, OCHO, NUEVE, DIEZ, ONCE

(Ingrid es una joven sueca. Es estudiante. Habla poco español. Su amiga Carmen, española, está con ella).

Ingrid:	¿Qué es aquello?
Carmen:	Es un mercado.
Ingrid:	¿Un mercado? ¿Qué significa la palabra mercado?
Carmen:	No es fácil de explicar. Ven. Mira. Esto es un mercado: hay fruta, carne, pescado, verduras, etc.
Ingrid:	¡Qué bonito! Me gusta mucho.

PESCADO FRESCO

Ingrid:	Y esto, ¿cómo se llama?
Carmen:	Es un melón.
Ingrid:	¿Un melón? ¡Qué grande! ¡Cuánto pescado! ¿Qué es eso?
Carmen:	¿Eso? Es un pulpo.
Ingrid:	¡Qué horror...! Un mercado es un buen lugar para aprender español. Y esto, ¿qué es?
Carmen:	Son manzanas, y ésas son naranjas, y aquéllas son peras. A ver, repite.
Ingrid:	Naranjas, peras, manzanas... ¡Qué divertido!

Carmen: ¿Te gustan las cerezas?

Ingrid: Sí, mucho.

Carmen: Señora, medio kilo de cerezas, por favor.

Vendedora: Medio kilo exacto. Son cuarenta pesetas. Y usted, señorita, ¿desea algo?

Ingrid: Perdón, no comprendo

Carmen: Es mi amiga. No habla bien español.

Ingrid: ¡Qué buenas están!

Carmen: Sí, estupendas.

Carmen: Ven aquí. Vamos a comprar verduras.

Vendedora: ¿Qué desean?

Carmen: Medio kilo de judías verdes, una lechuga, un kilo de tomates y una col.

Vendedora: ¿Algo más? ¿No quieren patatas? Son muy buenas.

Carmen: No, eso es todo. Gracias.

IDENTIFICACION DE COSAS

I. a) **Practica según los modelos siguientes:**

manzana	bueno/a	lechuga	maduro/a
pera	barato/a	sandía	fresco/a
melón	caro/a	melocotón	pequeño/a

b) **Practica según el modelo siguiente con los elementos de las columnas:**

> A: ... y aquello, ¿qué es?
> B: Es una pastelería.
> A: ¡Ah! Me gustan mucho los pasteles.

carnicería	carne *(me gusta)*	frutería	fruta
pescadería	pescado	pollería	pollo
panadería	pan	pastelería	pastel

II. Vas al mercado. Compras un kilo de pescado, medio kilo de carne, fruta. Habla con los vendedores. Pregunta precios:

Vendedor: Buenas tardes Señora ¿ Quiere pescado ?
Tú: Si ¿ cuanto cuesta el kilo?
Vendedor: 6 Treinta .... pesetas
Tú: Bueno, deme medio kilo

Describe tus cosas:

a)

> A: ¿Cómo es tu traje?
> B: Es nuevo.
> A: Y tu camisa, ¿cómo es?
> B: Es muy bonita.

Cómo es tu vestido

camisa	nuevo/a
corbata	redondo/a
falda	viejo/a
reloj	moderno/a
paraguas	bonito/a
abrigo	feo/a
chaqueta	

b)

> A: ¿Cómo son tus pantalones?
> B: Son nuevos.
> A: ¿Y tus gafas?
> B: Son oscuras.

Cómo son tus pantalones

zapatos		
gafas	*son*	nuevos/as
corbatas		bonitos/as
faldas		largos/as
calcetines		modernos/as
vestidos		viejos/as
camisas		redondos/as
botas		
blusas		

LA VIDA REAL...

El: ¿Qué es eso?

Ella: Un paquete.

El: Eso está claro. Pero ¿qué hay dentro?

Ella: ¡Ah! Es una sorpresa.

El: ¿Una sorpresa para mí?

Ella: Claro. Es tu regalo de cumpleaños.

El: A ver...

Ella: ¡No! Tu cumpleaños es mañana.

(en la habitación)

El: ¡Cómo pesa! ¡Ahora! Esta es mi oportunidad. ¡Vaya! Otro paquete...
A ver qué hay dentro. Pero, ¿qué es esto? ¡Una piedra enorme! Esto no me gusta nada. Aquí hay una nota: «Eres demasiado curioso. Hasta mañana.»
¡Eh! ¡María! ¿Qué broma es ésta?

Ella: (*desde la cocina*) ¡Ja, ja, ja!

OBSERVA

I

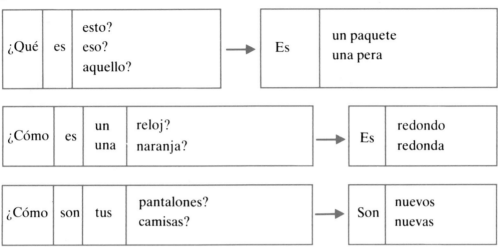

¿Qué	es	esto? eso? aquello?	→	Es	un paquete una pera

¿Cómo	es	un una	reloj? naranja?	→	Es	redondo redonda

¿Cómo	son	tus	pantalones? camisas?	→	Son	nuevos nuevas

II. Identifica y pregunta
   por las cosas del mer-
   cado:

4 ¿QUE TE APETECE?

Alberto: ¿Quieres tomar algo?

Víctor: Sí, por favor.

Alberto: ¿Qué te apetece? ¿Vino, cerveza, sangría...?

Víctor: Una cerveza.

Ana: ¿No prefieres sangría?

Víctor: No, gracias. Ahora prefiero una cerveza.

Ana: Hoy es viernes. ¿Qué haces este fin de semana, Víctor?

Víctor: Pues no sé. Me gusta descansar. ¿Y tú? ¿Tienes algún plan?

Ana: Bueno... Sí. Mis padres tienen una casa en un pueblo, en Valmojado. Es agradable.

Víctor: Y te gusta ir allí, claro.

Ana: Sí, de vez en cuando. Y a ti, ¿te gusta ir al campo?

Víctor: A veces voy a Consuegra. Cerca hay un río y me gusta pescar.

Ana: Cerca de Valmojado también hay un río. ¿Por qué no vienes conmigo? Te invito.

Víctor: Lo siento mucho, pero el domingo tengo ya un compromiso.

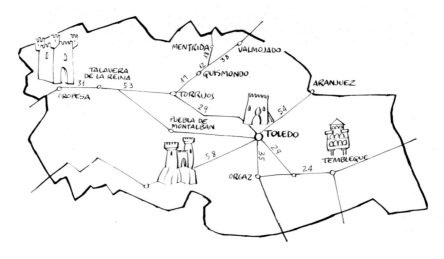

EDAD Y FECHAS

A: ¿Quién es?

B: Es Casares, un pintor famoso.

A: Parece ya viejo. ¿Qué edad tiene?

B: ¿Cómo?

A: ¡Que cuántos años tiene!

B: ¡Ah! Creo que tiene setenta y cuatro años.

A: ¿Qué es hoy?

B: Hoy es lunes.

A: ¿A qué estamos hoy?

B: Hoy estamos a veinticinco.

A: ¿A veinticinco de qué?

B: A veinticinco de abril de mil novecientos ochenta.

A: Ah, entonces hoy es viernes.

B: ¡Pues claro! ¡Y mañana sábado veintiséis!

I. Completa según el modelo de la página 24:

A: ¿Quieres .... ?
B: Sí, ...*por favor*..
A: ¿Qué te ...*apetece*... ?
B: Un/una ....

vino	whisky
sangría	naranjada
cerveza	tónica
limonada	coca-cola

II. Invita a un amigo/a a:

Quieres

1. ir al cine	(acepta)	*Sí por favor*
2. ir al campo	(no acepta)	*No gracias*
3. ir al teatro	(acepta)	
4. tomar una copa	(acepta)	
5. cenar en tu casa	(no acepta)	
6. ir a Toledo	(no acepta)	

III. Pregunta a tu compañero:

¿Qué edad tiene/s .... ?
¿Cuántos años tiene/s .... ?

IV. Mira el calendario del mes y pregunta:

¿Qué es hoy?
¿Qué día es hoy?
¿A qué estamos hoy?
¿Qué es el día (24, etc.)?

ONCE   DOCE

TRECE	13			
CATORCE	14	VEINTE	20	
QUINCE	15	TREINTA	30	
DIECISEIS	16	CUARENTA	40	NOVENTA 90
DIECISIETE	17	CINCUENTA	50	CIEN 100
DIECIOCHO	18	SESENTA	60	
DIECINUEVE	19	SETENTA	70	
		OCHENTA	80	

I. Mira el plano de la página 24 y responde:

¿Qué distancia hay desde Toledo a Oropesa?
¿Qué distancia hay desde Toledo a Orgaz?
¿Qué distancia hay desde Toledo a Aranjuez?
¿Qué distancia hay desde Toledo a Torrijos?

II. ¿Cuánto vale la peseta en relación con la moneda de tu país?

....
....
....

Mercado de divisas		
	Comp.	Vend.
Un dólar USA	85,750	85,980
Un dólar canadiense	71,687	71,965
Un franco francés ...	17,206	17,270
Una libra esterlina ...	189,799	190,652
Una libra irlandesa ..	147,918	148,659
Un franco suizo	44,258	44,491
Cien francos belgas ..	247,260	248,640
Un marco alemán	40,543	40,748
Cien liras italianas ...	8,367	8,398
Un florín holandés ...	36,635	36,812
Una corona sueca ...	18,542	18,632
Una corona danesa ..	12,892	12,946
Una corona noruega	15,879	15,951
Un marco finlandés ..	21,946	21,154
Cien chelines aust. ...	572,544	576,389
Cien escudos port. ...	150,915	151,854
Cien yenes japoneses	41,225	41,436

	Máxima	Mínima
Amsterdam	12	4
Berlín	11	4
Berna	8	4
Bruselas	12	7
Copenhague	6	0
Dublín	9	5
Estocolmo	−1	−11
Helsinki	−2	− 8
Lisboa	18	9
Londres	13	5
París	11	6
Praga	7	3
Oslo	1	−10
Roma	14	5
Varsovia	7	1
Viena	8	3

III. ¿Qué temperatura hay en las principales capitales de Europa?

....
....
....
....

LA VIDA REAL...

Marido: ¿Cenamos?

Esposa: Sí, cariño. En la nevera hay leche y fruta.

Marido: ¿Sólo leche y fruta?

Esposa: También hay huevos y...

Marido: Pero... ¿Tú...?

Esposa: Yo ahora estoy muy ocupada. Este programa es muy interesante.

Marido: ¿Dónde están las cerillas?

Esposa: Al lado de la cocina.

Marido: ¿Y el aceite?

Esposa: En la botella.

Marido: ¿No hay pan?

Esposa: Sí, está sobre la nevera.

Marido: Oye, mira... Te invito a cenar en un restaurante.

Esposa: ¡Estupendo! ¡Vamos! En realidad este programa es muy aburrido...

OBSERVA

I.

¿Quieres	una cerveza? un vaso de vino?

→

Sí, No,	gracias

¿Te	invito	a	tomar algo?
	apetece		cenar? ir a Toledo?

→

Sí, No,	de acuerdo gracias
Lo siento,	no tengo tiempo tengo prisa

¿Qué	te apetece? prefieres?

→

Una	cerveza,	por favor

II.

¿Qué edad tienes? ¿Cuántos años tiene?

→

Tengo Tiene	veinte años

III.

¿Qué es hoy? ¿A qué estamos hoy?

→

Hoy es martes Estamos a veinticinco de abril

IV. Escribe un diálogo:

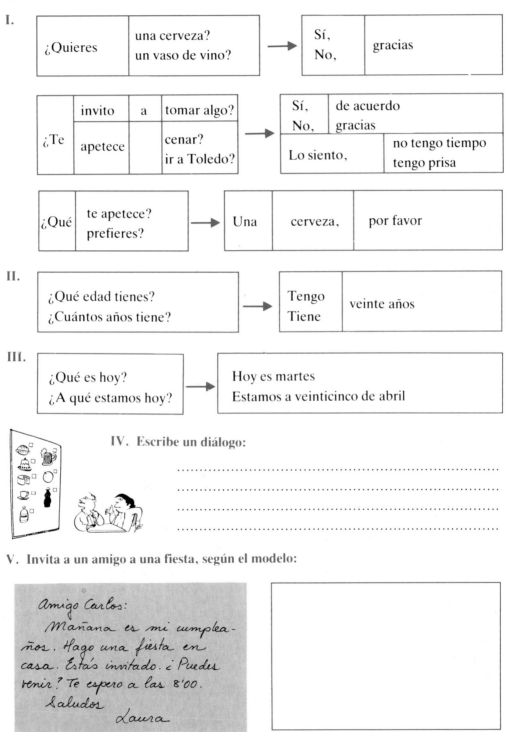

....
....
....
....

V. Invita a un amigo a una fiesta, según el modelo:

Amigo Carlos:
  Mañana es mi cumplea-
ños. Hago una fiesta en
casa. Estás invitado. ¿Puedes
venir? Te espero a las 8'00.
  Saludos
          Laura

5   ¿POR QUE NO VAMOS AL CINE?

Hoy es domingo. Los domingos me levanto tarde.
Desayuno a las diez, leo el periódico, escucho música y
   como con mi familia a las dos.
Esta tarde tengo una cita con mi amiga Isabel.
Hace mal tiempo.

Isabel: ¡Qué día! ¿Qué hacemos?

Miguel: No sé. ¿Por qué no vamos al cine?

Isabel: ¿Al cine? Yo voy poco al cine, pero con este tiempo… ¿Sabes dónde ponen una película buena?

Miguel: No sé. Aquí tengo el periódico. A ver la cartelera… «El último adiós». Es una película sobre la guerra.

Isabel: No parece muy interesante. Prefiero ver algo más alegre.

Miguel: Mira. Ponen una película cómica en el «Calderón». Es de Charlot. ¿Vamos a verla?

Isabel: De acuerdo. Son las cinco y pasan la película a las siete. Tengo hambre. ¿Comemos un bocadillo antes de ir al cine?

Miguel: Bien. Ahí en frente hay un bar.

Miguel: Yo no tengo hambre, pero tengo sed.

Camarero: ¿Qué desean?

Isabel: Yo un bocadillo y una cerveza. Y tú, ¿qué tomas?

Miguel: (*al camarero*) Un vaso de agua, por favor.

Isabel: Oye, ¿por qué no dejamos el cine para otro día? ¿Por qué no vamos a bailar?

Miguel: Está bien. Si tú lo dices…

ACCIONES HABITUALES Y ACTUALES

I. Estudia los siguientes diálogos y practica con tus compañeros:

a)

A: ¿Qué haces los domingos por la tarde?
B: Generalmente leo.
A: ¿Qué lees?
B: El periódico.

novela	carta
revista	cartelera
periódico	libro

b)

A: ¿Qué bebe usted con la cena?
B: Generalmente bebo un vaso de vino.

café	leche
vino	cerveza
agua	limonada

II. Tus domingos: Completa:

A: ¿Qué haces los domingos por la mañana?
B: ....
A: ¿Dónde comes generalmente?
B: ....
A: ¿Ves a tus amigos?
B: ....
A: ¿Qué haces por la tarde?
B: ....
A: ¿A dónde vas?
B: ....

I. **Sugiere actividades a tu compañero:**

> A: ¿Qué puedo hacer esta tarde?
> B: Puedes ir al cine.

teatro	bar
cine	parque
discoteca	pasear

II. **Hace sol. Estás con un amigo/a. Hacéis planes para pasar la tarde:**

> A: ¿Qué hacemos?
> B: ¿ .... ?
> A. No, no me gusta mucho. ¿ .... ?
> B: Lo siento. No me apetece. ¿Por qué no vamos a .... ?
> A: ....

LA VIDA REAL...

El: ¿Por qué vas tan deprisa?

Ella: Vengo de la oficina y voy a comer. Sólo tengo media hora. El jefe me espera. Hoy tenemos mucho trabajo.

El: Siempre tienes prisa. Sólo vives para el trabajo.

Ella: No es para tanto... Y tú, ¿qué haces?

El: Ya ves. Paseo. Voy a tomar una cerveza. ¿Te acompaño mientras comes?

Ella: Muy bien. ¡Qué suerte! Tú nunca tienes prisa.

El: No. Los periodistas tenemos que esperar.

Ella: ¿Esperar?

El: Sí, esperar y contar lo que ocurre. A propósito. ¿Puedo invitarte al teatro esta noche?

Ella: No puedo ir. Mañana me levanto a las siete.

El: Comprendo. ¿Vienes el sábado a bailar?

Ella: Lo siento. Tengo trabajo en casa.

El: ¿No tienes un minuto para mí?

Ella: Claro que sí. Ahora estoy contigo. Llevamos aquí mucho tiempo.

El: Comprendo...

OBSERVA

¿Qué hacemos hoy?

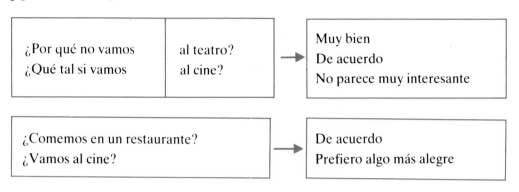

| ¿Por qué no vamos | al teatro? | → | Muy bien
De acuerdo
No parece muy interesante |
| ¿Qué tal si vamos | al cine? | | |

| ¿Comemos en un restaurante? | → | De acuerdo |
| ¿Vamos al cine? | | Prefiero algo más alegre |

I. Pregunta a tu compañero:

A: ¿Qué (**tienes**) en la cartera?

B: Tengo un/una ...*pañuelo - llaves - billetera* ....

A: ¿Qué película (**echan**) hoy en ...*el cine*.......... ?

B: No lo sé.

A: ¿Quieres ir a/l ...*teatro*.......... esta tarde?

B: No, no puedo.

II. Practica con tu compañero utilizando los modelos de I y las formas del recuadro:

poner	....	pongo	....	pones
saber	....	sé	....	sabes
hacer	....	hago	....	haces
tener	....	tengo	....	tienes
querer	....	quiero	....	quieres
poder	....	puedo	....	puedes
ir	....	voy	....	vas
venir	....	vengo	....	vienes

corbata
noticias
sábados
en tu bolsa
comer
hacer
o trabajar
conmigo .

Agente:	Buenos días. ¿Qué desea?
Juan Martínez:	Busco un apartamento.
Agente:	¿Es usted casado?
Juan Martínez:	No. Soy soltero. Ahora estoy en un hotel.
Agente:	¿Cómo quiere el apartamento?
Juan Martínez:	Con un dormitorio, sala de estar, cocina y baño.
Agente:	¿Dónde lo prefiere?
Juan Martínez:	Cerca del centro.

Agente:	Este es el apartamento quinientos ocho. Está en el quinto piso.
Juan:	Me gusta. ¿Es muy caro?
Agente:	Son veinte mil pesetas al mes. Este es el salón. El balcón da a la calle. Entra mucha luz.
Juan:	Y el dormitorio, ¿dónde está?
Agente:	Aquí. No es muy grande, pero es agradable.
Juan:	¿A dónde da esta ventana?
Agente:	A un jardín público. Este es el cuarto de baño. Es muy completo. Hay bañera, ducha y lavabo.
Juan:	¿Y la cocina?
Agente:	Está a la entrada. Es pequeña, pero si va a vivir usted solo…
Juan:	No importa. Yo paso poco tiempo en la cocina.

(*Juan recibe la visita de un amigo*)

Amigo:	Así que ahora vives en un apartamento.
Juan:	Sí, no me gustan las pensiones.
Amigo:	¿Pagas mucho por este apartamento?
Juan:	Veinte mil pesetas al mes.
Amigo:	No es muy caro. Parece tranquilo y agradable.

Juan: Sí, estoy a gusto aquí. No está lejos de mi trabajo y hay una estación de metro cerca. A propósito. Vamos a celebrarlo. ¿Qué tomas?

Amigo: Un vaso de vino. ¡Por tu nueva casa!

I. Necesitas alquilar un apartamento. Completa el siguiente diálogo:

A: Buenos días. ¿Qué desea?

B: ...Busco, necesito..

A: ¿Cuántas habitaciones necesita?

B: ....

A: ¿Dónde lo quiere?

B: ....

A: ¿Cuánto desea pagar al mes?

B: ....

A: ¿Desea usted un apartamento con teléfono? Es un poco más caro.

B: ....

A: De acuerdo. Vamos a verlo.

II. Ahora usted es el agente. El señor y la señora Rodríguez necesitan un piso. Tienen cuatro hijos. Usted los entrevista. Hable con ellos sobre el número de habitaciones, baños, precio del alquiler, situación del piso, teléfono, etc... Comience así:

Agente: ¿Qué desean?

Sr. y Sra.
Rodríguez: ....

Agente: ¿Cuántas .....

I. Carlos y Estrella son tus amigos. Están recién casados. Hablas con ellos sobre su nueva casa:

A: ¿Dónde vivís?

B: ....Vivimos...

A: ¿Cuánto pagáis de alquiler?

B: ....

A: ¿Tenéis teléfono?

B: ....

A: ¿Vivís cerca de vuestro trabajo?

B: ....

A: ¿Cómo vais a trabajar?

B: ....

II. Siguiento el modelo anterior, entrevista a una pareja que tú conoces, utilizando los siguientes elementos:

Donde vives en el campo   Vivo

       viven en el centro   Vivimos   ¿Cuánto pagas?

       fuera de la ciudad

¿Vives   en una casa   Si vivo - - -

       en un piso

       quince mil pesetas al mes

       bastante cerca/lejos de

       en metro/autobús/coche

III. Ahora habla del piso donde tú vives:

1. ¿Dónde está situado?   En las afueras.......................

2. ¿En qué piso vives? ....

3. ¿Cuántas habitaciones hay? ....

4. ¿Cómo es la cocina? ....

5. ¿Cómo es tu habitación? ....

6. ¿Hay bastante luz? ....

7. ¿Cómo son las ventanas? ....

8. ¿Cómo es la sala de estar? ....

9. ¿Es cómodo el piso? ....

10. ¿A dónde dan las ventanas? ....

I. Indica la situación de los siguientes lugares:

La Iglesia de San Mateo, la Torre Redonda, la Iglesia de San Juan, el Palacio de Justicia, la Oficina de Turismo.

II. Elige el lugar donde te gustaría vivir. ¿Por qué?

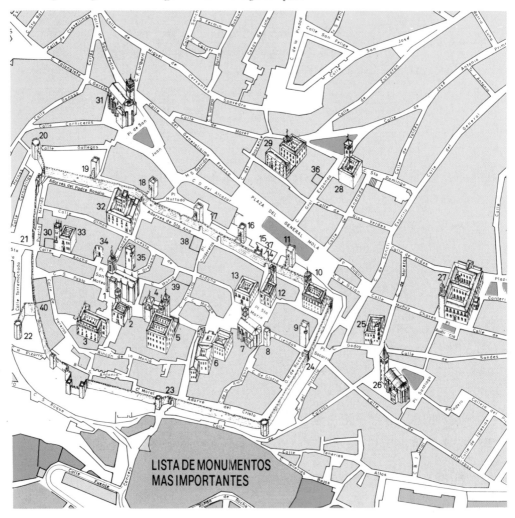

LISTA DE MONUMENTOS MAS IMPORTANTES

1. Iglesia de San Mateo	11. Torre de Bujaco	21. Puerta de Mérida	31. Iglesia de San Juan
2. Casa de las Cigüeñas	12. Palacio Episcopal	22. Torre Desmochada	32. Palacio de los Golfines de Arriba
3. Casa de las Veletas	13. Palacio de Mayoralgo	23. Arco del Cristo	33. Casa de los Marqueses de Torreorgaz
4. Iglesia de San Francisco Javier	14. Arco de la Estrella	24. Arco del Socorro	34. Primitivo solar de los Ulloa
5. Colegio de la Compañía de Jesús	15. Torre de los Púlpitos	25. Palacio de Godoy	35. Torre de los Plata
6. Palacio de los Golfines de Abajo	16. Torre del Horno	26. Iglesia de Santiago	36. Casa de los Carvajal
7. Iglesia de Santa María	17. Torre de la Hierba	27. Palacio de Justicia	37. Oficina de Turismo
8. Torre de Carvajal	18. Arco de Santa Ana	28. Casa de Galarza	38. Casa de la Generala
9. Torre de los Espadero	19. Torre del Postigo	29. Palacio de la Isla	39. Casa del Mono
10. Casa de los Toledo - Moctezuma	20. Torre Redonda	30. Hostelería del Comendador	40. Casa de los Pereros

40

OBSERVA

I

¿Qué	desea	usted?	Busco/necesito	un apartamento
¿Qué	desean	ustedes?	Buscamos/necesitamos	un piso

¿Cuántas habitaciones	necesita usted?	Necesito	una
	necesitan ustedes?	Necesitamos	tres

¿Dónde	quiere/desea quieren/desean	el piso?	En el centro Cerca del metro Fuera de la ciudad

¿Dónde	vives? vivís?

II. Contesta a estas preguntas:

1. ¿Vives solo o con tu familia? ....

2. ¿Te gusta vivir solo o prefieres compartir tu casa con otras personas? ....

3. ¿Te gusta vivir en la ciudad o prefieres vivir en el campo? ....

4. ¿Te gusta vivir en el centro de la ciudad o prefieres vivir en las afueras? ¿Por qué? ....

5. ¿Vives cerca del lugar donde trabajas? ....

6. ¿Cómo vas a trabajar todos los días? ....

Alfred y Klaus son alemanes; son jóvenes, tienen veintiún años.

Estudian español y desean visitar los países de Hispanoamérica.

Irán en barco porque es más barato; ayudarán en la cocina para pagar el viaje.

Luego visitarán monumentos históricos y museos.

También se divertirán.

Alfred:	Ya es martes. ¿Cuándo llegaremos al puerto?
Klaus:	El sábado por la tarde. ¿Por qué? ¿Estás cansado de viajar?
Alfred:	No, estoy cansado de fregar platos. ¿Qué hora es ya?
Klaus:	Todavía es pronto; son las diez y veinte.

Policía:	¿De dónde son ustedes?
Klaus:	Somos alemanes.
Policía:	¿Y de dónde vienen?
Alfred:	De España.
Policía:	¿Algo que declarar?
A. y K.:	No, nada.
Policía:	¿Cuánto tiempo permanecerán en México?
Alfred:	Unos dos meses.
Policía:	Muy bien. Pasen.

Alfred: Mira, Klaus. Ya son las ocho. ¿Dónde pasaremos la noche?

Klaus:	Buscaremos una pensión o un hotel. Todavía es pronto. En México la gente va tarde a la cama, a las once o las doce…
Alfred:	Entonces también nos levantaremos tarde.
Klaus:	No, nos levantaremos pronto, a las ocho y media. Los museos abren a las nueve.
Alfred:	Y ¿qué hacemos ahora?
Klaus:	Buscaremos habitación y luego iremos a una discoteca.
Alfred:	Estupendo.

I. Pregunta a tu compañero:

> A: ¿De dónde eres/es?
> B: Soy alemán/de Alemania
> A: ¿Cuánto tiempo estarás/permanecerás en .... ?
> B: Unos/unas ....

Alemania	Bonn	Jurgen	alemán/a
España	Madrid	Manolo	español/a
México	México	Guadalupe	mexicano/a
Francia	París	Brigitte	francés/a
Inglaterra	Londres	John	inglés/a
Estados Unidos	Washington	J. B.	americano/a
Rusia	Moscú	Iván	ruso/a
Italia	Roma	Giovania	italiano/a
Argentina	Buenos Aires	Evita	argentino/a
Perú	Lima	Rafael	peruano/a

II. Completa:

A: ¡Hola! Me llamo Jenny, ¿y tú?
B: ...... *Me llamo John* ....
A: ¡Ah!, ¿eres inglés?
B: ...... *Sí soy de Inglaterra* ....
A: ¿Y de dónde?
B: ...... *Vengo de Hlondres* ....
A: ¡Qué suerte! Yo soy de Bristol. ¿También estudias español?
B: ...... *Sí y estoy en 1er grado* ....

III. Diálogo. Pregunta a tu compañero de dónde es:

A: ....
B: ....
A: ....
B: ....

I. Completa tu agenda de la semana:

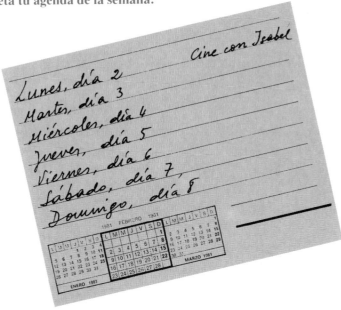

II. Tus amigos están de viaje. Mira el calendario de I y pregunta a tu compañero:

A: ¿Qué día vendrán/llegarán?

B: ....

A: Y ¿a qué hora?

B: ....

....

III. Pregunta a tu compañero según el dibujo. (Imagínate tú mismo la hora de llegada)

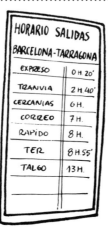

HORARIO SALIDAS	
BARCELONA-TARRAGONA	
EXPRESO	0 H. 20'
TRANVIA	2 H. 40'
CERCANIAS	6 H.
CORREO	7 H.
RAPIDO	8 H.
TER	8 H. 55'
TALGO	13 H.

A: ¿A qué hora sale el tren de Barcelona?

B: ....

A: ¿Y a qué hora llega a Tarragona?

B: ....

45

LA VIDA REAL...

I. ¿Qué hora es? Cuando en Madrid son las 12'00, en...

Alejandría (Egipto) .... son las 13 horas	Londres (Inglaterra) .... son las 12 horas
Amsterdam (Holanda) .... » » 12 »	Manila (Filipinas) .... » » 19 »
Atenas (Grecia) .... » » 13 »	México (D.F.) .... » » 5 »
Berlín (Alemania) .... » » 12 »	Montreal (Canadá) .... » » 7 »
Bogotá (Colombia) .... » » 7 »	Moscú (Rusia) .... » » 15 »
Bruselas (Bélgica) .... » » 12 »	Nueva York (EE.UU.) ... » » 6 »
Bucarest (Rumania) .... » » 14 »	Oslo (Noruega) .... » » 13 »
Budapest (Hungría) .... » » 13 »	París (Francia) .... » » 12 »
Buenos Aires (Argentina) .. » » 8 »	Perth (Australia) .... » » 22 »
Caracas (Venezuela) .... » » 6,30 »	Río de Janeiro (Brasil) .... » » 9 »
Copenhague (Dinamarca) .. » » 13 »	Roma (Italia) .... » » 12 »
Chicago (EE.UU.) .... » » 5 »	Santiago de Chile (Chile) . » » 7 »
Dublín (Irlanda) .... » » 12 »	Shanghai (China) .... » » 20 »
El Cabo (Africa del Sur) .. » » 14 »	Sydney (Australia) .... » » 22 »
Estocolmo (Suecia) .... » » 13 »	Tokyo (Japón) .... » » 21 »
Ginebra (Suiza) .... » » 12 »	Varsovia (Polonia) .... » » 13 »
La Habana (Cuba) .... » » 7 »	Viena (Austria) .... » » 13 »
Hong-Kong .... » » 20 »	Washington (EE.UU.) .... » » 6 »
Lima (Perú) .... » » 7 »	Zurich (Suiza) .... » » 12 »
Lisboa (Portugal) .... » » 12 »	

II. En España:

a)

		ABREN	CIERRAN
oficinas	mañana	8'00	13'00
	tarde	15'00	19'00
comercios	mañana	9'00	13'30
	tarde	16'00	20'00
escuelas	mañana	9'00	12'00
	tarde	15'00	17'00
bares		7'00	24'00
discotecas		17'00	24'00

b) **¿Y en tu país?**

....
....
....
....
....

OBSERVA

I.

Estoy/está Estamos/están	cansado/a cansados/as	de viajar de fregar platos

II. Procedencia y nacionalidad:

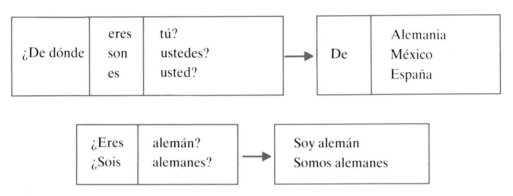

¿De dónde	eres son es	tú? ustedes? usted?	→	De	Alemania México España

¿Eres ¿Sois	alemán? alemanes?	→	Soy alemán Somos alemanes

III. Las horas:

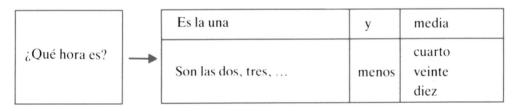

¿Qué hora es?	→	Es la una	y	media
		Son las dos, tres, ...	menos	cuarto veinte diez

IV. Meses del año:

Enero	Mayo	Septiembre
Febrero	Junio	Octubre
Marzo	Julio	Noviembre
Abril	Agosto	Diciembre

8 ¿DIGAME?

(José telefonea a su amigo Antonio a un hotel)

José: (marca el número) tres, dos, cinco, nueve, ocho, siete, dos.

Recepcionista: Hotel Castillo, ¿dígame?

José: Habitación doscientas cinco, por
favor.

Recepcionista: ¿Con quién desea hablar?

José: Con Antonio Hernández.

Recepcionista: Lo siento. El señor Hernández ya
no está aquí. Ahora vive en un
apartamento.

José: ¿Ha dejado su dirección?

Recepcionista: Sí, avenida Cervantes, ochenta y
nueve, apartamento treinta y cin-
co.

José: Un momento, por favor. Tomo
nota: avenida Cervantes, ochenta
y nueve, apartamento treinta y
cinco. Muchas gracias.

Recepcionista: De nada.

(Dos amigos toman decisiones por teléfono)

Miguel: ¿Diga?

Pedro: ¿Miguel? ¿Eres tú?

Miguel: Sí, ¿con quién hablo?

Pedro: Soy Pedro. Oye, ¿estás muy ocupado?

Miguel: Sí, tengo mucho trabajo, pero acabo a
las seis.

Pedro: Te llamo porque esta tarde hay un concierto de rock. ¿Te apetece ir?

Miguel: Sí, claro. ¿Dónde nos vemos?

Pedro: ¿Qué tal si nos encontramos en mi casa
a las siete? El concierto es a las ocho,
¿sabes?

Miguel: De acuerdo. Hasta luego.

Pedro: Hasta las siete.

(*Pablo se equivoca de número*)

Señora: ¿Dígame?

Pablo: ¿Podría hablar con Marta, por favor?

Señora: Lo siento. Se ha equivocado. Aquí no vive ninguna Marta.

Pablo: Perdone.

Señora: No tiene importancia.

(*Isabel llama a Pedro. Este no está*)

Madre de Pedro: ¿Diga?

Isabel: ¿Está Pedro, por favor?

Madre: ¿De parte de quién?

Isabel: De su amiga Isabel.

Madre: No sé si está. Un momento. Voy a mirar en su habitación. (…) ¿Oiga? Lo siento. No está. Ha salido. ¿Quiere dejar algún recado?

Isabel: No, gracias. Llamaré más tarde.

Completa los diálogos siguientes:

I. Estás en una oficina. Preguntan por el señor Pérez. Tú quieres saber quién llama.

A: ¿ .... ?

B: ¿Está el señor Pérez, por favor?

A: ¿ .... ?

B: Del señor Castro.

A: Un momento. Ahora se pone.

II. Llamas al señor Fraile a su oficina:

A: ¿Dígame?

B: ¿ .... ?

A: Lo siento, en este momento no está.

B: ¿ .... ?

A: No, gracias. Llamaré de nuevo esta tarde.

III. Llama ahora a:

1. Director/Fábrica «Kola»
2. Secretaria/Despacho señor García
3. Doctor Suárez/Hospital del Mar
4. Señor Oliveros/Banco de España

Completa:

I. Recibes una llamada de un amigo/a. Hacéis planes para cenar juntos:

A: ¿ .... ? ¿ .... ?
B: Soy Ramiro. ¿Cómo estás?
A: .... ¿ .... ?
B: No muy bien. Estoy cansado/a. Tengo mucho trabajo.
A: ¿ .... ?
B: Estupendo. Me encanta la cocina italiana.
A: ¿ .... ?
B: Sí, las nueve es buena hora. ¿Dónde nos encontramos?
A: ....
B: De acuerdo. Hasta luego.
A: ¡ .... !

Completa:

II. Recibes una llamada equivocada:

A: ¿ .... ?
B: ¿Podría hablar con Oscar Blanco?
A: ....
B: Perdone usted.
A: ....

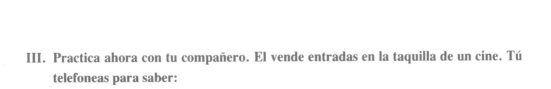

III. Practica ahora con tu compañero. El vende entradas en la taquilla de un cine. Tú telefoneas para saber:

1. ¿Qué película ponen/echan?
2. ¿A qué hora empieza?
3. ¿Cuánto dura?
4. Agradece la información.

LA VIDA REAL...

(*Arturo es agente de viajes. Tiene que reservar habitaciones para un grupo de diez clientes. Telefonea al hotel*)

Recepción:	Hotel Plaza. ¿Dígame?
Arturo:	¿Tienen habitaciones libres? Deseo hacer una reserva para diez personas.
Recepción:	¿Para qué días?
Arturo:	Del diez al dieciocho de este mes.
Recepción:	¿Desea habitaciones individuales o dobles?
Arturo:	Seis individuales y dos dobles, si puede ser.
Recepción:	No se retire, por favor. Voy a consultar. Estamos muy ocupados. ¿Oiga? Conforme. Disponemos de esas vacantes. ¿A qué nombre hago la reserva?
Arturo:	A nombre de Arturo Herrero, de «Viajes Eros».
Recepción:	Muy bien. De acuerdo.
Arturo:	Muchas gracias.

OBSERVA

I.

¿Diga?	¿Puedo hablar con...?	Lo siento, no está.
¿Dígame?	¿Podría hablar con...?	Lo siento, ha salido.
¿Diga?	¿Eres tú...?	Sí, ahora se pone.
¿Quién es?	¿Es usted...?	Un momento. Ahora viene.
	¿Está el señor...?	Soy yo. ¿Con quién hablo?
		Lo siento. Se ha equivocado de número.

II. Solicitando información:

> ¿Puede decirme a qué hora...?
> ¿Podría decirme cuándo...?
> ¿Sabe usted dónde...?

EJERCICIO

Haz un diálogo: Telefoneas a un amigo/a, pero...

1. El teléfono no va bien.
2. Hay mucho ruido y no oyes.
3. No contesta. Está comunicando.
4. Oyes un ruido de fondo. No puedes entenderle.

9 ¡ESTE TRANQUILA!

Señora: ¡Oiga! ¿La policía?

Policía: Sí, sí. Diga.

Señora: Hay un incendio en la casa…

Policía: ¿Cómo? ¿Un incendio?

Señora: Sí, un incendio.

Policía: Muy bien. Cálmese. ¿Dónde ocurre eso?

Señora: Aquí, en la calle Esperanza, el número quince, en un bloque de pisos.

Policía: Bien. Conserve la calma y esté tranquila. Le diré lo que debe hacer: avise rápidamente a todos los vecinos; salgan todos inmediatamente a la calle, ordenadamente. No usen el ascensor y ¡no se alarmen! Nosotros avisaremos a los bomberos.

Señora: Pero en casa tengo a mis padres, muy ancianos; ya no pueden andar…

Policía: Pida ayuda a su vecino. No pierda tiempo. ¿También tiene niños pequeños?

Señora: Sí, dos.

Policía: Sáquelos usted misma rápidamente. Con calma y serenidad. En seguida llegarán la policía y los bomberos y les ayudarán a todos.

Consejos:

I. Cuando usted va de vacaciones:

Cierre el gas.

Apague las luces de la casa.

Cierre bien todas las puertas y ventanas.

Baje las persianas.

Cierre la llave del agua.

Riegue bien las plantas…

II. Al volver de vacaciones:

Abran ustedes las ventanas.

Ventilen la casa.

Limpien bien el piso.

Den la luz, el agua y el gas.

Y… ¡compren nuevas plantas!

III. Consejos a los habitantes de una ciudad:

Limpia cada día tu trozo de acera	Tira los papeles en la papelera
Las aceras están sucias. Por ellas pasan todos los vecinos. ¿Por qué no las limpiamos cada día? ¡Hazlo… por tu ciudad! **TU ACERA** 	Una ciudad es limpia si los ciudadanos son limpios. Y una ciudad limpia es una ciudad sin papeles y basuras en la calle. ¡CUIDA tu ciudad! **LOS PAPELES** 

I. Da consejos para…

1. Mantener limpia tu ciudad o tu pueblo.
2. Tu casa antes de ir de vacaciones.
3. Qué hacer si hay un incendio.

II. Dialoga con tu compañero según el modelo:

> A: *¡Cierra la puerta!*
> B: *No, no cierres la puerta.*

abrir	....	ventana	ventilar	....	casa
usar	....	ascensor	regar	....	plantas
avisar	....	vecinos	pedir	....	ayuda
llamar	....	policía			

III. Un amigo te llama por teléfono. Completa:

A: ¿Juan?

B: Sí. ¡Hola, Pedro!

A: Juan, te llamo porque mi mujer esta muy enferma; casi no puede hablar y tiene dolores fuertes…

B: ...., Pedro. Mira, haz lo que te digo:
.... al médico.
.... a su familia.
.... una pastilla de «valium».
¡No .... nada más! Voy para allá en seguida.

IV. Tu amigo tiene miedo de viajar en avión. Dale algunos consejos:

1. ....
2. ....
3. ....
4. ....

I. Completa según el modelo:

> *LAVON es el jabón del ama de casa.*
> *¡Compre LAVON!*

1. Un coche deportivo.
2. «Katola» (bebida).
3. «Sasín» (vestidos).
4. «Gas» (gasolina).
5. «Nadul» (zumo de naranja).

II. Lee el texto. Luego aconseja:

El sol es agradable, pero peligroso.
Los turistas llegan a la Costa Brava
por centenares. Suben a la habita-
ción del hotel, se ponen el traje de
baño y ¡a la playa a tomar el sol!
Allí están horas y horas…
Después, al segundo día, están en-
fermos y en la cama.
Por unas horas de sol, pierden sus
vacaciones.

Consejos

1. Ten cuidado con el sol
   (No) tomes/Toma el sol ..
2. ……………………………
   ……………………………
3. ……………………………
   ……………………………
4. ……………………………
   ……………………………
5. ……………………………
   ……………………………

III. En caso de emergencia. Completa:

DEBE HACER	**NO DEBE HACER**
Esté tranquilo.	No use el ascensor.
……………………………	……………………………
……………………………	……………………………
……………………………	……………………………
……………………………	……………………………

**INSTRUCCIONES
EN CASO DE INCENDIO**

1. Cierra todas las puertas de la casa.
   No permitas la entrada del aire; aumentará
   el fuego…

2. Busca la puerta de salida.
   No te olvides de cerrarla después.

3. Corta el gas y la luz.

4. Si el fuego está cerca, coge ropa húmeda y envuélvete con ella.

5. Si el fuego te toca, envuélvete en una manta y
   da vueltas por el suelo para apagarlo.

6. Conserva siempre la calma y la serenidad.

OBSERVA

I.

(No)	Cálmese	
	Conserve Pida Pierda	la calma ayuda a los vecinos la serenidad
	Hágalo	por su ciudad

(No)	Abran ustedes Ventilen Compren	las ventanas la casa nuevas plantas

	Ten Tira Cierra	cuidado con el sol los papeles a la papelera la puerta
No	tires cierres	los papeles en la acera la puerta

II. Ejercicio. Niega lo que sigue:

1. Avisa a los vecinos.
2. Llama a la policía.
3. Usa el ascensor.
4. Toma una pastilla de «valium».
5. Abre las ventanas.
6. Riega las plantas.

MARZO 1981

Lunes 1

Esta noche he dormido muy mal. Me he levantado pronto, he desayunado deprisa y he ido a trabajar. Ha sido un día aburrido.

Martes 2

Salgo del trabajo a las 3 de la tarde. ¡Y qué alegría! He visto, por casualidad a José. Hemos tomado un café juntos... Por la noche él me ha llamado por teléfono. Mañana iremos al cine.

Miércoles 3

He pensado todo el día en José. El trabajo ¡un desastre! He salido a las 3 en punto; he cogido un taxi, he llegado pronto a casa... A las 7 veré a José.

Entrevistador:

Hacemos una encuesta sobre el tiempo libre. ¿Cuántas horas libres tiene usted cada día?

Entrevistado:

Unas cuatro horas.

Entrevistador:

¿Y qué ha hecho usted hoy en esas cuatro horas?

Entrevistado:

Mire usted. A las tres y media he llegado a casa. He comido, he descansado un poco y he leído el periódico. A las cinco he puesto la radio y he escuchado el

programa de música clásica. Luego he leído durante una hora, he dado un paseo y... eso es todo.

Luego he cenado, y para descansar, he visto la película de la TV.

Clara: ¿Diga?

Julio: ¡Hola!, soy Julio. Te he llamado durante todo el día y no te he encontrado.

Clara: ¿Ah, sí? Lo siento. He estado en la Biblioteca con un amigo.

Julio: ¿En la Biblioteca?

Clara: Sí, hemos hecho un trabajo para la clase de Historia. Y no he podido avisarte.

Julio: Bien, bien. Pero recuerda que esta tarde vamos al concierto. Te esperamos a las ocho.

Clara: De acuerdo. Seré puntual. Hasta luego.

Julio: Hasta luego.

I. Completa:

a) ¿Qué has hecho esta semana?

b) ¿Qué has hecho hoy?

1. ....
2. ....
3. ....
4. ....
5. ....

II. Completa. ¿Qué quieres hacer?   PERO   ¿Qué has hecho?

1. Jugar al ping-pong.
2. Saludar a José.
3. Ver una película.
4. Ir al teatro.
5. Ver la TV. a las ocho.

1. ....
2. ....
3. ....
4. ....
5. ....

62

I. Pregunta a tu compañero:

1. ¿A dónde has ido esta mañana?
2. ¿Cuándo has ido al trabajo?
3. ¿A qué hora has comido?
4. ¿A qué hora has salido del trabajo?
5. ¿A qué hora has llegado al colegio/academia?

II. Cuenta lo que has hecho/visto/visitado durante las últimas vacaciones:

....
....
....
....

III. Completa la siguiente entrevista:

A: ¿Cuántos libros ha comprado usted este mes?
B: ....
A: ¿Y cuántos ha leído?
B: ....
A: ¿Le gusta mucho leer?
B: ....
A: ¿Cuántas películas ha visto y cuántos libros ha leído en los últimos quince días?
B: ....
A: Entonces, ¿usted prefiere leer libros?
B: ....
A: ¿Por qué?
B: ....

IV. Haz una entrevista a tu compañero:

....
....
....
....

LA VIDA REAL...

BUENOS AIRES
Plaza de Mayo

Querido amigo:

He llegado a Buenos
Aires hace dos horas solamente.
El viaje ha sido muy bonito:
Desde el avión he visto las islas
Canarias, la costa africana,
la costa del Pacífico...
Ya las 7, en Buenos Aires.
Todavía no he salido del
hotel ni he visitado nada
Te lo contaré todo. Estoy
muy contenta.
Un abrazo.

Mari Cruz

Sr. Don Luis Blásquez
calle Rosellón 246, 1º
Barcelona

ESPAÑA

color post-card

OBSERVA

I.

(Yo)	HE	dormido	bien
(Tú)	HAS	cogido	un taxi
(El/ella/usted)	HA	llegado	pronto
(Nosotros)	HEMOS		

II.

He	hecho	un viaje
Has	visto	una película
Ha	puesto	la radio
Hemos	ido	al teatro
Habéis	escrito	una carta
Han		

EJERCICIOS

1. **Estás de viaje. Escribe una carta/postal a tus padres o a un amigo.**

2. **Has estado de viaje con tu familia.**
   Cuenta lo que habéis hecho:

   1. ¿A dónde habéis ido?
   2. ¿Qué habéis visto/visitado?
   3. ¿Qué os ha gustado más?
   4. ¿Qué habéis comprado?
   5. ¿En qué hotel habéis estado?
   6. ¿Cuándo habéis vuelto?

11 ¿HABRÁ ESCUELAS PARA LOS NIÑOS?

Señoras y señores: Como pueden ver en el plano, nuestra urbanización «Los Pinos» está situada en el norte de Barcelona. Aquí tenemos viviendas para mil familias. Como verán, es una urbanización bien planificada y las comunicaciones con el centro de la ciudad son excelentes.

Cliente 1.º: ¿Qué medios de transporte hay con el centro?
Vendedor: Hay una estación de metro, dos líneas de autobuses durante el día y una por la noche.
Cliente 2.º: ¿Y escuelas? ¿Habrá escuelas para los niños?
Vendedor: Sí, habrá dos guarderías y dos escuelas primarias. También habrá un supermercado y varias tiendas.
Cliente 3.º: ¿Habrá algún tipo de servicios culturales?
Vendedor: Hay un local para biblioteca. También hay un local para reuniones sociales, conferencias, exposiciones u otras actividades.

66

Cliente 4.º:	¿Habrá servicios médicos?
Vendedor:	Sí. Habrá un consultorio médico, un servicio de urgencias y una farmacia.
Cliente 5.º:	¿Hay algún lugar donde practicar deportes?
Vendedor:	Habrá un campo de deportes y una piscina. También habrá una sauna, pero ésta será privada.
Cliente 6.º:	¿Y lugares para divertirse? Nosotros tenemos tres chicos jóvenes, y…
Vendedor:	No se preocupe usted. Habrá una discoteca, una cafetería, varios bares, dos restaurantes y una sala de cine. También habrá un parque infantil para los pequeños.

1.º	2.º	3.º	4.º	5.º	6.º
primero	**segundo**	**tercero**	**cuarto**	**quinto**	**sexto**
7.º	8.º	9.º	10.º	11.º	12.º
séptimo	**octavo**	**noveno**	**décimo**	**undécimo**	**duodécimo**

I. **Estudia el diálogo y anota en el lugar adecuado los servicios que el vendedor enumera:**

1. Transpote:
$\left\{ \begin{array}{l} \text{.............................} \\ \text{.............................} \\ \text{.............................} \\ \text{.............................} \end{array} \right.$

3. Diversiones:
$\left\{ \begin{array}{l} \text{.............................} \\ \text{.............................} \\ \text{.............................} \\ \text{.............................} \end{array} \right.$

2. Sanidad:
$\left\{ \begin{array}{l} \text{.............................} \\ \text{.............................} \\ \text{.............................} \\ \text{.............................} \end{array} \right.$

4. Deportes:
$\left\{ \begin{array}{l} \text{.............................} \\ \text{.............................} \\ \text{.............................} \\ \text{.............................} \end{array} \right.$

5. Cultura y educación:
$\left\{ \begin{array}{l} \text{.............................} \\ \text{.............................} \\ \text{.............................} \\ \text{.............................} \end{array} \right.$

II. **Practica ahora con tu compañero. El pregunta y tú contestas:**

A: ¿Qué $\left\{ \begin{array}{l} \text{medios de transporte} \\ \text{diversiones} \\ \text{servicios de sanidad} \\ \text{lugares para hacer deporte} \end{array} \right\}$ habrá? B: Habrá $\left\{ \begin{array}{l} \text{.............................} \\ \text{.............................} \\ \text{.............................} \\ \text{.............................} \end{array} \right.$

III. **Ahora piensa en una ciudad que conoces bien. Habla de su situación y describe las facilidades de todo tipo que ofrece:**

Ofrece: —Medios de transporte.

—Museos, teatros, bibliotecas, escuelas, universidad.

—Cines, bares, restaurantes, discotecas.

—Zonas verdes (parques y jardines, zoo…).

Sugerencia: **Haz una exposición del resultado de tus notas ante tus compañeros de clase.**

¿Vives en el centro de tu ciudad o en un suburbio?

....

....

I. Sin alejarte de tu barrio o pueblo, ¿qué puedes hacer un sábado por la tarde?
   Contesta haciendo comentarios. **Ejemplo:** *—Sí, hay tres salas de cine.*

1. ¿Puedes ir al cine?
2. ¿Puedes ver una obra de teatro?
3. ¿Puedes practicar algún deporte?
4. ¿Puedes cenar con tus amigos en un buen restaurante?
5. ¿Puedes bailar en una discoteca?
6. ¿Puedes estudiar o leer en una biblioteca?
7. ¿Puedes pasear sin ruido de coches?
8. ¿Puedes visitar un museo o una exposición?

II. Si tienes que ir al centro de la ciudad...
   Ejemplo de respuesta: *—El autobús es rápido. Hay dos líneas.*

1. ¿Qué medio de transporte usas?
2. ¿Puedes ir en autobús o en tren?
3. ¿Es rápido el viaje?
4. ¿Cuánto tardas en llegar?
5. ¿Hay transporte nocturno con tu barrio o ciudad?
6. ¿Hasta qué hora funciona el transporte nocturno?

III. Describe el entorno:

   ....
   ....
   ....
   ....
   ....
   ....
   ....
   ....
   ....
   ....

LA VIDA REAL...

Locutora de radio: El Secano es un barrio situado en el norte de Lérida. Tiene diez mil habitantes. Hoy hablamos con uno de ellos para nuestro programa «La ciudad y su gente»:

Ella: ¿Qué piensa usted de este barrio?

El: Es moderno, pero está mal planificado.

Ella: ¿Le gusta vivir aquí?

El: No. Es muy desagradable. Las calles son ruidosas a causa del tráfico. Sólo hay grandes bloques de pisos y asfalto. Faltan zonas verdes.

Ella: ¿Cómo está de transportes?

El: Son malos. No hay metro y los autobuses son insuficientes.

Ella: ¿Hay bastantes escuelas?

El: No. Hacen falta más escuelas estatales.

Ella: ¿Cree usted que es posible mejorar el barrio?

El: Quizá un poco. Pero es un barrio obrero y está abandonado. En realidad, la única forma de mejorarlo es destruirlo y levantar otro nuevo.

Ella: ¿Piensa seguir usted viviendo aquí?

El: Sí. No tengo más remedio. Aquí tengo mi piso, y es difícil cambiar.

OBSERVA

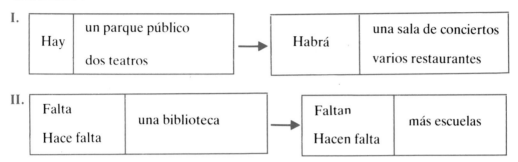

I.

Hay	un parque público		Habrá	una sala de conciertos
	dos teatros			varios restaurantes

II.

Falta	una biblioteca		Faltan	más escuelas
Hace falta			Hacen falta	

EJERCICIOS:

a) **Haz planes para construir una escuela ideal. Di qué servicios ofrecerá la nueva escuela:**

- Habrá una sala de lectura.

        ¿Habrá ....

biblioteca?	salón de cine y teatro?
piscina?	sala de conferencias?
sala de música?	servicio de bar?
campo de deportes?	venta de libros?
oficinas modernas?	venta de material escolar?
salas de reunión?	

b) **¿Qué servicios hacen falta para hacer de tu barrio un lugar más agradable?**

¿Hacen falta más zonas verdes?
¿Qué más?

....
....
....

c) **¿Por qué no le gusta su barrio al señor de la página anterior?**
    Enumera las causas:

....
....
....
....

12 ¿QUE TE APETECE?

(Marta y Pilar comparten un piso. Pilar ha invitado a su amigo Miguel a comer. Pilar está en la cocina preparando la comida y Marta está leyendo una revista en la sala de estar. El trae una botella de vino y un ramo de rosas.)

Marta: Llaman a la puerta. ¿Esperas a alguien?

Pilar: Sí, será Miguel. Le he invitado a comer. Abre tú, por favor. Yo no puedo salir ahora.

Miguel: ¡Hola! Tú eres Marta, ¿no?

Marta: Y tú eres Miguel, ¿verdad?

Miguel: Sí. Me alegro de conocerte. ¿Está Pilar?

Marta: Sí, está en la cocina. Entra. En seguida viene.

Miguel: ¿Dónde puedo dejar esto?

Marta: Las rosas las pondré en un florero. Deja la botella sobre la mesa.

Miguel:	¡Qué bien huele! ¿Está Pilar preparando la comida?
Marta:	Sí. Es una cocinera excelente.
Miguel:	(*asomado a la cocina*) ¿Qué estás haciendo? Huele muy bien.
Pilar:	Una tarta de manzana. ¿Te gusta o prefieres otra cosa?
Miguel:	Sí. Me gusta mucho. Es mi postre favorito. A ver…
Pilar:	No. No entres. Me pondrás nerviosa y todo saldrá mal. Marta, sírvele a Miguel algo de beber.

Marta:	¿Qué te apetece?
Miguel:	¿Tenéis jerez?
Marta:	Hay una botella de «Tío Pepe». ¿Quieres una copa?
Miguel:	Sí, gracias. Está muy bueno.
Pilar:	(*entra con un delantal puesto*) Bien. Ya he acabado.

73

I. Practica según el modelo:

> —¿Qué hace el señor López?
> —Está escribiendo una carta.

escribir

pintar

subir

tomar café

esperar el autobús

telefonear

II. Practica con tu compañero:

A: ¿Te apetece .... ? B: No, gracias. Prefiero ....

A: ¿Quieres .... ? B: Sí, gracias, me gusta mucho.

COMER	CENAR
paella	sopa
ensalada	jamón
bistec	pescado
pescado	huevos
queso	tortilla

III. Completa:

1. El señor Pérez ha llegado a la oficina y ahora está .... la puerta.

2. Ya la ha abierto. Y ahora está ....

3. Sobre la mesa ha visto una carta. Y
   ahora la está ....

4. Ha abierto la carta y ahora la está
   ....

5. La ha leído. Y ahora está ....
   un paquete de cigarrillos del bolsillo.

6. Ha cogido un cigarrillo.
   Y ahora lo está ....

7. Lo ha encendido y va a
   fumar. Pero empieza a
   sonar el teléfono.

8. El señor Pérez ha cogido el teléfono y ahora
   está .... con
   su secretaria.

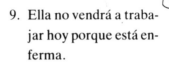

9. Ella no vendrá a trabajar hoy porque está enferma.

10. El señor Pérez ha colgado el teléfo-
    no y ahora está ....
    tranquilamente.

11. Y piensa... ¿Qué está .... ?

LA VIDA REAL...

Taxista: ¿A dónde le llevo?

Cliente: A la Plaza de Colón, por favor.

Taxista: ¡Cuánto tráfico! Cada día es más difícil conducir en Madrid. ¿Es usted de aquí?

Cliente: No. Soy de Barcelona. Pero allí no es más fácil. ¿Qué pasa ahí?

Taxista: Están en obras. Siempre están levantando calles, derribando edificios. Para complicar más las cosas.

Cliente: Parece que están construyendo un túnel.

Taxista: Sí. Por aquí pasará una nueva línea de metro.

Cliente: Veo que Madrid está cambiando mucho.

Taxista: En mi opinión están estropeando la ciudad. Están derribando muchos edificios antiguos y construyendo otros modernos... Esto parece un infierno. Mire a ese peatón. Estoy pitando y como si nada... Cruza igual. ¿Para qué estarán los semáforos? Al fin hemos llegado. ¿Dónde le dejo?

Cliente: En la estación de autocares. Tengo que ir al aeropuerto.

OBSERVA:

I.

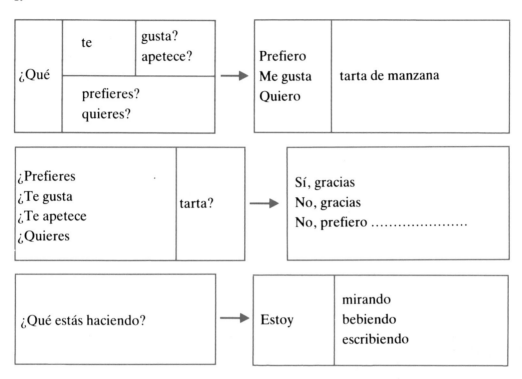

II. Contesta: ¿Qué están haciendo tus compañeros/as?

1. ....
2. ....
3. ....
4. ....
5. ....

13 TODOS A LA CORUÑA

(*En la taquilla*)

Don Luis: Querría varios billetes para el expreso de La Coruña, por favor.

Empleado: ¿Para qué día?

Don Luis: Para el domingo día seis.

Empleado: Ese día hay dos expresos, uno a las diez cuarenta y cinco y otro a las dieciséis. ¿Para cuál de ellos quiere usted el billete?

Don Luis: Para el tren de las diez cuarenta y cinco.

Empleado: ¿Cuántos billetes?

Don Luis: Cinco y un medio billete para un niño de dos años. Todos a La Coruña.

Empleado: Muy bien. Son cinco mil quinientas cuarenta y ocho pesetas.

(*En el andén*)

Don Luis: ¿De quién es esta maleta? Luisito, ¿dónde tienes tu maleta? ¿Ya la has subido?

Luisito: No. Es ésta. ¿Te ayudo a subirla?

Don Luis: No, no hace falta. La mía pesa poco y la tuya también. Las subiré yo. Tú ayuda a tu madre.

Luisito: ¿Te ayudo a subir los bolsos, mamá?

Madre: Sí. Coge estos dos y ponlos encima del asiento. ¡No los dejes caer! Ten cuidado.

Pepito: Y estos paquetes, ¿son nuestros?

Madre: Sí, son nuestros. Cógelos. Tú, Sebastián, ayúdale. ¡Venga, todos arriba!

(*En el tren*)

Revisor: Billetes, por favor.

Don Luis: Aquí están. Tenga. Son cinco y un medio billete.

Revisor: Perdone, señor. Aquí sólo hay cuatro.

Don Luis: ¿Cómo? ¿No le he dado seis?
(*Mira sus bolsillos. A su hijo*)
Ricardo, ¿tu billete? ¿Lo has guardado tú?

Ricardo: No, lo tiene Luisito.

Don Luis: Luisito, ¿dónde está tu billete y el de Ricardo?

Luisito: Los tengo yo.

Don Luis: Pues dáselos al revisor. Y luego devuélvemelos a mí; los guardaré yo.

I. Completa con los datos siguientes:

A: Quisiera/querría varios/un billete para ....

B: ¿Para cuándo?

A: Para ....

B: Son ....

VUELOS	
Extranjero	Nacional
Caracas	Madrid
Londres	Santiago de Compostela
París	Sevilla
Frankfurt	Granada
Buenos Aires	Las Palmas
Lima	Ibiza

II. Deseas un billete de tren. Elige localidad y hora:

200 Madrid → Zaragoza → Lérida/Mora → Barcelona → Cerbère

Km.	ESTACIONES		802 Ráp. 1-2	252 TALGO 1-2	262 Electro-tren 1-2	254 TALGO 1-2	206 Exp. 1-2	808 107 Exp. 1-2	814 Exp. 1-2	204 Exp.
0	MADRID-Chamartín	S.	8.50	10.25	—	13.55	19.45	20.45	—	22.15
31	Alcalá de Henares		9.23		—		20.18		—	
54	GUADALAJARA		9.47	11.07	—		20.42	21.40	—	
102	Jadraque		10.24		—				—	
137	Sigüenza		10.56	12.03	—		21.49		—	
153	Torralba		11.13		—		22.07		—	
163	Medinaceli		11.22		—		22.16		—	
180	Arcos de Jalón		11.44		—		22.39	23.28	—	0.55
190	Santa María de Huerta		11.54		—		22.49		—	
203	Ariza		12.06		—		23.01		—	
216	Alhama de Aragón		12.18	(1)13.04	—		23.13		—	
229	Ateca		12.32		—		23.26		—	
242	Calatayud		12.52	13.28	—		23.46	0.20	—	
261	Morés		13.10		—				—	
270	Morata de Jalón		13.20	13.51	—		0.12		—	
278	Ricla-La Almunia		13.29		—		0.22		—	
293	Epila		13.43		—				—	
325	Casetas		14.10		—		1.03		—	
338	ZARAGOZA-El Portillo	Ll.	14.22	14.31	—	17.49	1.15	1.36	—	3.01
338	ZARAGOZA-El Portillo	S.	15.20					1.54	3.33	
355	El Burgo de Ebro								3.55	
367	Fuentes									
373	Pina									
410	La Puebla de Híjar		16.25					3.02	4.46	
450	Caspe		17.05						5.26	
502	Ribarroja							4.23		
509	Flix		17.57						6.20	
520	Ascó		18.06							
529	Mora la Nueva		18.38					5.17	7.—	
549	Marsá-Falset		19.04						7.26	
577	Reus		19.48					6.28	8.04	
595	TARRAGONA		20.15					6.58	8.26	
620	S. Vicente de Calders-C.		20.41				21.11	6.55	7.24 8.48	7.19
638	Vilanova i La Geltrú		20.59					7.11	7.40 9.08	
646	Sitges		21.09	(2)18.45	(2)17.06	(2)21.29		7.19	7.48 9.28	
680	BARCELONA-Sants	Ll.	21.44						9.55	
683	BARCELONA-P.' G.'	Ll.	21.52	19.18	17.39	22.02		7.57	8.26 10.02	8.16
687	BARCELONA-Término	Ll.	22.05	19.30	17.50	22.15		8.10	10.15	8.30

III. Pregunta a tu compañero:

—¿Qué tren has elegido?

—¿A qué hora?

—Salida/llegada

I. **Pregunta:**

a)

> A: ¿De quién es la máquina de escribir? ¿Es de Luisito?
>
> B: Sí, es suya.
>
> A: ¿Y el tocadiscos?
>
> B: El tocadiscos no es suyo. Es de Guadalupe.

televisor	cuadro
máquina de escribir	hojas
máquina de afeitar	lápices
tocadiscos	

b)

> A: ¿Es éste el .... de María?
>   ésta la
>
> B: Sí, es   el suyo   No,   éste   es   el mío
>   la suya   ésta   la mía

(Luisito)

(Familia García)

(Guadalupe)

(Velázquez)

II. **Haz lo mismo con:**

—objetos de la clase
—prendas de vestir
—cosas que tú lleves

(Pepe)

LA VIDA REAL...

Carmen,

Me he ido de vacaciones.
Te he esperado hasta las 3,30...
llevo conmigo tu vestido blanco;
el mío ya me va pequeño.
De tu armario he cogido tus pantalones cortos. Los necesito para la plaza.
También llevo tus zapatos de paseo
y los de Pili.
Como siempre, lo mío es mío y lo vuestro... de todas.

tu hermanita
Besos.   Isabel

OBSERVA:

I. En la taquilla:

Quiero Querría	un billete para	el tren el avión	de las cinco a Madrid

¿Para	qué día? cuándo?	→	Para	el domingo el día cinco

II. La posesión:

¿De quién es	esta maleta? este bolso? esa bicicleta?	→	Es	(la) (el) (la) (el)	mía mío nuestra vuestro

III.

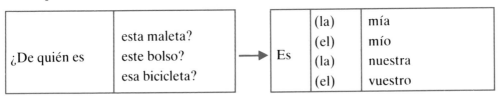

¿Tienes	tu/s	billete/s? cartera/s?	→	No/Sí,	lo los la las	tengo tengo

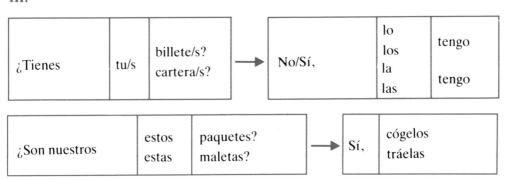

¿Son nuestros	estos estas	paquetes? maletas?	→	Sí,	cógelos tráelas

IV. Completa según el modelo:

A: ¿De quién son .... ?

B: Son ....

papeles	míos/as	gomas	nuestros/as
hojas	tuyos/as	lápices	vuestros/as
bolígrafos	suyos/as	cuadernos	suyos/as

(*De visita a la familia*)

Pedro:	Por favor, señora, ¿sabe dónde vive el señor Pareja?
Señora:	El señor Pareja… El señor Pareja… Pues no estoy segura. ¿Quiénes son ustedes?
Pedro:	Soy su sobrino. Ella es mi prima.
Señora:	Ah, claro. Pues pregunten ustedes en el bar. El señor Pareja… El señor Pareja… Una ya pierde la memoria…
Pedro:	No se preocupe, señora. Iremos al bar. Y muchas gracias.

(*En el bar*)

Pedro: ¿Puede indicarme dónde está la casa del señor
Pareja, por favor?

Dueño: El señor Pareja... Sí,
hombre, ¿cómo no? Es
un buen cliente mío.
Siempre viene aquí a to-
mar su café y fumarse su
puro. Pero creo que aho-
ra trabaja. En el Ayun-
tamiento. Aquí, al lado.

No tienen pérdida. La segunda calle a la derecha. Entren y pregunten.

Pedro: Gracias. Muchas gracias.

Dueño: De nada, hombre, de nada.

(*En el Ayuntamiento*)

Pedro: ¿El señor Pareja, por favor?

Sr. Pareja: El mismo. Para servirle. Pero... si es Pedrito. ¿Tú por aquí? ¿Qué tal?

Pedro: Pues, nada. Hemos
salido de excur-
sión y...

Sr. Pareja: Bueno, ¿y tu acompañante?

Pedro: Es Rosario, mi pri-
ma. También le gus-
ta caminar y ha veni-
do conmigo.

Sr. Pareja: Estupendo. Os que-
daréis aquí a comer
con nosotros, ¿no?
Llamaré a tu tía aho-
ra mismo. Tus primos
se alegrarán mucho.
Ya verás.

I. Responde según el modelo:

JUAN   MARIA

Andrés   Laura

Pepito   Juanito   Amalia   Laurita

> A. ¿Quién es (el señor) (Juan) .... ?
> B. Es el (abuelo) de ....

abuelo/a   hijo/a

padre/madre   nieto/a

hermano/a

II. Completa:

A: Por favor, ¿sabe dónde vive el señor Jiménez?

B: ....

A: Es un señor alto y moreno.

B: ....

A: Sí, trabaja en el Ayuntamiento.

B: ....

A: Sí, la calle del Cántaro. Y ¿cómo se llega allí?

B: ....

A: Gracias.

B: De nada. Adiós.

I. Tu familia:

	Sí	No	¿Cuántos?
abuelos			
padres			
hermanos			
hermanas			
tíos			
tías			
sobrinos			
sobrinas			
primos			
primas			

II. Conversación sobre los familiares:

A: ¿Tienes .... ?
B: Sí/No ....
A: ¿Y cuántos .... tienes?
B: ....

III. Describe a tus familiares:

ABUELO

viejo   joven
alto   bajo
gordo   delgado
moreno   rubio
pequeño   grande
inteligente normal
guapo   feo

MADRE

HERMANOS

PADRE   ABUELA

HERMANAS

LA VIDA REAL...

A: Ahora lo sé. Eres un líder.

B: ¿Yo, un líder? Pero si...

A: No seas humilde. El domingo pasado en la manifestación...

B: ¿Qué manifestación? He pasado todo el fin de semana fuera de la ciudad.

A: Pues entonces tienes un doble. Te he visto en la manifestación el domingo, con una pancarta, gritando...

B: ¡Mi hermano! ¡Es mi hermano! A él le gusta la política, las manifestaciones, y de cara se parece a mí. Pero a mí... A mí no me gusta la política.

A: Eres apolítico.

B: Quizá...

EJERCICIO:

Describe cómo es tu hermano/a

OBSERVA:

I.

¿El señor Pareja,	por favor?

II.

Por favor,	¿sabe	dónde vive	el señor Pareja?

III.

¿Quién	es	usted?	→	Soy	su	hijo
¿Quiénes	son	ustedes?		Somos	sus	sobrinos

IV.

Es	mi	padre	Son	tus	padres
		tío			tíos

V.

¿Cuántos	hermanos	tienes?
	tíos	

EJERCICIO:

Escribe un diálogo. Padre e hijo preguntan a una señora por un familiar:

A: Hace mucho tiempo que no vemos a .....
B: Ah, sí ....
A: Y ¿dónde vive ahora?
B: ....
A: ¿Cómo está?
B: ....
A: ¿Y está ahora en casa?
B: ....

Húmedo y soleado

Presiones bajas entran por el nordeste de España.

Las temperaturas bajarán y a mediodía lloverá en Galicia y Asturias.

En el Centro y Andalucía habrá nubes y claros, con riesgo de lluvias por la noche. En la costa mediterránea el tiempo será bueno, con cielos despejados y sol casi de verano.

Peligro de nieblas por la noche y al amanecer.

Laura:	¿No quieres bañarte? El agua está estupenda. Caliente y limpia.
Guadalupe:	Yo ya me bañé hace un rato. Ahora quiero tomar el sol y leer un poco.
Laura:	Yo también me he bañado ya esta mañana. Pero ¡hace tan buen día! Ayer hacía viento y anteayer no hizo buen tiempo.
Guadalupe:	Más tarde. Quiero ponerme morena. Ahora hace sol… Pero tú métete en el agua. Te haré una fotografía.

Ahora: **Verano**

Hace calor.
Las temperaturas son altas.
Hace sol.

Antes: **Invierno**

Hizo frío.
Nevó con frecuencia.
Las temperaturas fueron bajas.

Después: **Otoño**

Lloverá a menudo.
Hará viento.

Antes: **Primavera**

Hizo buen tiempo.
Llovió de vez en cuando.
Las temperaturas fueron agradables.

I. Describe el tiempo del lugar donde vives:

En verano:

....

....

En primavera:

....

....

En invierno:

....

....

En otoño:

....

....

II. ¿Qué tiempo suele hacer en ...

Madrid? ....   Méjico? ....

Londres? ....   Buenos Aires? ....

Moscú? ....   Miami? ....

París? ....   Hawai? ....

III. ¿Qué tiempo ha hecho hoy?

....

....

....

IV. Completa:

A: ¿Qué tiempo hace hoy?

B: ....

A: Pues ayer también nevó.

B: ....

A: Sí, este año tenemos mal tiempo.

B: ....

I. ¿Qué tiempo hace?
¿Qué tiempo hará?

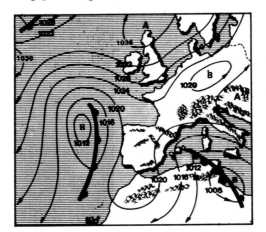

Temperaturas

ESPAÑA		MAX.	MIN.			MAX.	MIN.			MAX.	MIN.
Albacete	P	11	5	León	P	13	5	Teruel	P	12	6
Alicante	A	18	11	Lérida	P	14	9	Toledo	P	16	3
Almería	Q	20	7	Logroño	P	17	8	Valencia	P	18	11
Avila	P	10	4	Lugo	A	16	7	Valladolid	P	15	7
Badajoz	A	18	8	Madrid	P	14	4	Vitoria	P	15	7
Barcelona	P	14	9	Málaga	A	21	7	Zamora	A	16	7
Bilbao	A	16	8	Melilla	A	18	12	Zaragoza	P	15	10
Burgos	A	14	5	Murcia	P	19	11				
Cáceres	P	16	9	Orense	P	17	8				
Cádiz	A	16	13	Oviedo	P	17	8				
Castellón	P	16	11	Palencia	P	15	6	EXTRANJERO			
Ceuta	A	19	10	Palma	P	15	12				
Ciudad Real	P	17	7	Palmas (Las)	Q	21	17	Amsterdam	Q	10	7
Córdoba	A	17	8	Pamplona	P	16	4	Berna	A	17	10
Coruña (La)	P	16	11	Pontevedra	A	17	10	Bonn	P	13	10
Cuenca	P	13	5	Salamanca	P	15	5	Bruselas	Q	11	8
Gerona	P	16	10	S. Sebastián	Q	16	8	Copenhague	F	7	4
Granada	Q	17	5	Santander	P	15	11	Estocolmo	A	11	2
Guadalajara	–	–	–	Segovia	A	11	2	Lisboa	A	15	9
Huelva	Q	19	10	Sevilla	A	20	8	Londres	A	11	6
Huesca	P	10	7	Soria	P	9	4	Oslo	F	7	–
Ibiza	P	18	14	Terragona	P	13	12	París	Q	13	9
Jaén	A	17	7	Tenerife	P	20	17	Roma	A	17	7

A = agradable; C = mucho calor; c = calor; F = muy frío; f = frío; T = templado; V = vientos fuertes; H = heladas; P = lluvioso; D = despejado; Q = cubierto; S = tormentas; N = nevadas.

⌐Tormenta; ●Nieblas; ⇉Vientos; ⚡Lluvias; ☐Despejado; ◱Nubes alternas; ◼Muy nuboso; ■Cubierto; ●Nieves; C = Mucho calor; c = Calor; T = Templado; f = Frío; F = Mucho frío; H = Heladas; ∼Olas de 1 m.; ≈Olas de 2 m.; ≋Olas de 3 m.; ≣Olas de 4 m.; ◣Frente frío; ◣Frente cálido; ◣◣Frente ocluido.

II. Responde:

¿Qué tiempo prefieres para...

tus vacaciones? ....

esquiar? ....

bañarte? ....

pasear en bicicleta? ....

vivir siempre? ....

III. Conversación

> A: ¿Qué tiempo hace/ha hecho/hizo .... ?
> B: ¿ .... ?

hoy

ayer

mañana

el viernes

el verano pasado

LA VIDA REAL...

Estocolmo, 12 de noviembre de 1979

Queridos padres:

Ahora está nevando en Estocolmo. Ha nevado toda la semana y seguirá nevando hasta marzo o abril. Ayer leí en el periódico que en Canarias la temperatura era de 20° y en Valencia de 16°. Hoy también he leído que la gente se baña en las playas de Santa Cruz de Tenerife. ¡Qué suerte! ¡Y cómo pienso en España!

Pero aquí también hay cosas buenas. Las casas tienen buena calefacción y son muy comfortables. A menudo no podemos salir fuera por el frío, pero nos quedamos muy a gusto en casa. Y digo "nos quedamos" porque ahora vivo con unos amigos suecos. Hemos alquilado una casita entre los tres y así el alquiler es más barato. Además ahorraremos dinero y podré hacer un viaje al Norte. Tengo ganas de ver el sol de media noche junto al Polo Norte. Ahora no puedo: ya he gastado el dinero de este mes...

Un abrazo muy fuerte y recuerdos a los amigos.

Ricardo

P. D. ¿Podríais enviarme el cheque del próximo mes unos diez días antes de lo habitual?

94

OBSERVA:

I.

¿Qué	tiempo día	hace hoy?

→

Hoy	hace	calor buen tiempo sol frío buen día viento
		nieva llueve está nublado
		Bueno Malo Regular

II.

HOY	ESTA MAÑANA	AYER
nieva	ha nevado	nevó
llueve	ha llovido	llovió
hace buen tiempo	ha hecho buen tiempo	hizo buen tiempo
me baño	me he bañado	me bañé

III. Completa según el modelo de II:

A: El año pasado La semana pasada Ayer En 1977 La primavera pasada	B: Este año Esta semana Hoy Este mes Esta primavera	(nevar) (llover) (hacer frío) (hacer calor) (bañarse)

(Un joven pregunta a un señor el camino de la estación)

Joven: Disculpe, señor. ¿Podría indicarme por dónde se va a la estación?

Señor: Con mucho gusto. Siga esta acera hasta llegar al primer semáforo, luego gire a la izquierda, siga todo recto, y verá el edificio de la estación en una plaza, al final de la calle.

Joven: ¿Está muy lejos?

Señor: A unos diez minutos, si va a pie.

Joven: Cogeré un taxi. Mi maleta es muy pesada. Gracias.

Señor: De nada. Ha sido un placer.

(Un joven pide fuego a otro de su misma edad)

Pepe: Oye, ¿puedes darme fuego?

Luis: Un momento. No sé si tengo. Sí, aquí está.

Pepe: Gracias. ¿Te apetece un cigarrillo?

Luis: No, gracias. He dejado de fumar.

Pepe: ¡Qué suerte! Yo lo he intentado, pero no puedo.

Luis: Nada es imposible, hombre. Es cuestión de voluntad.

(En un compartimento de tren. Una se-
ñora pide ayuda a un señor)

Señora: ¿Le importaría ayudarme a
colocar las maletas?

Señor: ¡Cómo no! Con mucho gusto.

Señora: Gracias. Disculpe la molestia.

(Poco después)

Señora: ¿Le importaría cerrar la ventana? Estoy un poco resfriada
y el aire no me sienta bien.

Señor: Perdón. Ahora mismo la cie-
rro.

(Dos amigos en un apartamento. El tocadiscos está a todo volumen)

Miguel: ¿Te importaría bajar el volumen? Me duele un poco la cabeza.

Paco: Lo siento. Si quieres quito el disco.

Miguel: No es necesario. Ahora está
bien. Ya no me molesta. Esta
música me gusta.

Paco: ¿Quieres una aspirina?

Miguel: No, nunca tomo aspirinas. La
música suave también calma el
dolor.

Paco: ¿De veras?

POR FAVOR, SEÑORITA, ¿PODRÍA DECIRME DÓNDE ESTÁ EL ZOO?

I. Pide información a un señor en la calle sobre: una farmacia, el parque, el zoo, un museo, un hospital, la estación, el aeropuerto…

A.

Por favor, señor,	¿puede ¿podría	indicarme decirme	dónde está por donde se va dónde hay a qué distancia	la estación? el museo? al parque? un hospital? correos?

B.

—Sí, con mucho gusto.
—Lo siento, no soy de aquí.

II. Ahora pide un favor a un amigo:

A: ¿Puedes prestarme .... ?
B: Sí, por supuesto.
   Lo siento, lo necesito yo.

encender la luz   dejar un diccionario
poner un disco   cerrar la ventana
prestar mil pesetas   abrir la ventana
                                   apagar la luz

Completa según el modelo:

> —Déjeme pasar, por favor.
> —¿Cómo?
> —¿Le importaría dejarme pasar?

1. —Déjame el diccionario, por favor.
   —¿ .... ?
   —¿ .... ?

2. —Cierre el paraguas, por favor.
   —¿ .... ?
   —¿ .... ?

3. —Quítese el sombrero, por favor.
   —¿ .... ?
   —¿ .... ?

4. —No fumes, por favor.
   —¿ .... ?
   —¿ .... ?

5. —Ponte las gafas, por favor.
   —¿ .... ?
   —¿ .... ?

LA VIDA REAL...

A: ¿Le importaría darme su cartera?

B: Si me lo pide de esta forma...

A: Gracias. Es usted muy amable.

B: ¡Vaya, hombre! ¡Cuánta cortesía!

C: ¿Es aquel que está en la barra? Usted espere aquí. *(Se acerca al ladrón)* ¿Conoce usted a aquel señor?

B: Jamás lo he visto.

C: ¿No? ¿Está seguro?

B: Claro. Yo sé bien a quién conozco.

C: ¿Sería tan amable de devolverle la cartera?

B: ¿Qué cartera? ¿De qué me habla?

C: ¿No lo sabe? Bien, entonces haga el favor de acompañarme a la Comisaría.

B: Le aseguro que yo no he hecho nada. ¡Ah! Ahora recuerdo... Aquel señor tuvo la amabilidad de darme su cartera. Pero yo no se la robé.

C: Ah, ¿sí? Veo que empieza usted a recordar. ¿Tendría la amabilidad de devolvérsela ahora mismo?

B: Con mucho gusto. ¿Podría dársela usted mismo? Yo prefiero quedarme aquí.

C: Está bien. Yo se la daré.

B: Es usted muy amable. Le invito a tomar algo.

C: No, gracias. Y tenga cuidado con lo que hace.

OBSERVA:

I. Preguntando por una dirección:

¿Puedes	decirme	dónde está ...?		Sí, con mucho gusto.
¿Podría	indicarme	cómo se va ...?	→	Sí, por supuesto.
		dónde hay ...?		Lo siento, no puedo.

II. Pidiendo un favor:

Formal:	¿Podría ¿Le importaría	darme fuego?		Sí, claro.
Informal:	¿Puedes darme ¿Me das	fuego?	→	Lo siento, no tengo.

EJERCICIO:

Niega favores cortésmente, según los modelos siguientes:

a)
> A: ¿Podría indicarme dónde hay un hospital?
> B: Lo siento, no soy de aquí.

b)
> A: ¿Me das un cigarrillo?
> B: Lo siento, no tengo.
>   Lo siento, no fumo.

dejar la radio
dar fuego
prestar el diccionario
dejar el coche

ayudar a hacer los ejercicios
prestar el periódico
acompañar al cine
prestar cien pesetas.

17 ME LEVANTO A LAS CINCO

(Después de varios años, Adela se encuentra con su amiga Estrella)

Estrella: ¿Te gusta ser azafata?

Adela: Sí, mucho.

Estrella: Es un trabajo duro, ¿no? ¿A qué hora te levantas?

Adela: Empiezo a trabajar muy temprano. Me levanto a las cinco para estar en el aeropuerto a las siete.

Estrella: ¿A las cinco? ¿Necesitas dos horas para llegar al aeropuerto?

Adela: No. Cuando me levanto, me ducho, me peino, me pinto un poco (para una azafata es importante tener buen aspecto), me visto y desayuno. A las seis y media cojo el autocar para el aeropuerto.

Estrella: ¿Y tu marido? ¿También se levanta a las cinco?

Adela: No. El se levanta más tarde, a las ocho. Tenemos una niña de siete años. El se ocupa de ella más que yo. Le prepara el desayuno y la lleva al colegio todos los días. Después empieza su trabajo. Tenemos una librería cerca de casa y la abre a las nueve.

(Adela y su marido están cambiando la decoración de la habitación de su hija. Van a una tienda para comprar ropa para la casa)

Vendedor:	¿Qué desean?
Adela:	Ropa para la habitación de nuestra hija. A ver… Primero necesitamos cortinas para la ventana.
Vendedor:	¿Cómo las quieren?
Adela:	A cuadros. Estas están bien. Aquí tiene las medidas.
Marido:	También queremos una alfombra pequeña.
Adela:	Y dos juegos de toallas, uno verde y otro blanco.
Marido:	Y ropa para la cama.
Vendedor:	¿Desean sólo sábanas o sábanas y mantas?
Adela:	Un juego de sábanas y una manta. Ah, y una colcha a cuadros, de la misma tela que las cortinas.
Vendedor:	Muy bien. ¿Algo más?
Adela:	No. Eso es todo. Gracias.

Un día en la vida de José.

I. Diario:

8'15 —Me levanto, me peino, me afeito.
8'40 —Desayuno.
8'50 —Salgo de casa.
9'00 —Llego al trabajo.
13'30 —Como.
15'30 —Vuelvo al trabajo.
18'00 —Salgo del trabajo.
21'00 —Ceno.
21'30 —Leo, veo la TV.
23'00 —Me acuesto.

● **Cuenta ahora lo que hace José en un día de trabajo:**

José se levanta ....
....
....
....
....
....
....
....
....

II.

● **Pregunta a tu compañero y anota sus respuestas en la hoja del diario:**

Ej.: —¿A qué hora te levantas?

DIARIO

HORA	
....	....
....	....
....	....
....	....
....	....
....	....
....	....
....	....
....	....
....	....
....	....
....	....

III.

● **Escribe ahora una composición acerca de las actividades diarias de tu compañero y léela ante la clase:**

....
....
....
....
....
....
....
....
....
....
....
....
....
....
....

I. Completa:

Estás decorando un apartamento. Necesitas ropa para el dormitorio y el baño. Vas a la tienda:

A: ¿Qué desea?

B: ....

A: ¿Blancas o de color? ¿Es estrecha o ancha la cama?

B: ....

A: Y mantas, ¿necesita usted mantas?

B: ....

A: ¿Desea algo más?

B: ....

A: ¿Qué medidas tiene la ventana?

B: ....

A: ¿No necesita toallas?

B: ....

A: ¿Cómo las quiere?

B: ....

A: ¿Algo más?

B: ....

II. Hablas con un médico. Contesta a sus preguntas:

A: ¿A qué hora se acuesta usted?

B: ....

A: ¿Cuántas horas duerme?

B: ....

A: ¿A qué hora se levanta?

B: ....

A: ¿Qué hace después de levantarse?

B: ....

A: ¿Cuántas horas trabaja?

B: ....

A: ¿Se encuentra cansado a menudo?

B: ....

A: ¿Se encuentra mejor cuando trabaja menos horas?

B: ....

A: ¿Podría irse a vivir al campo?

B: ....

LA VIDA REAL...

A: ¡Qué cambiada te encuentro hoy! ¿Qué te has hecho?

B: He ido a la peluquería y me he teñido el pelo.

A: Te sienta bien. Pareces más joven.

B: A propósito. ¿Te has fijado en Dolores? Cada día se pinta más. A su edad no sé cómo se atreve.

A: Sí, y se peina como una jovencita.

B: ¿Y te has fijado cómo se viste? El otro día llevaba una falda cortísima.

A: No sé cómo se atreve a salir a la calle. Yo jamás me pondría una falda así.

B: A lo mejor cree que es elegante.

A: Gasta todo el dinero en arreglarse, pero la casa la tiene abandonada.

B: ¿Te has fijado en su marido? Está delgadísimo.

A: Claro. Se levanta a las seis y se pasa todo el día trabajando.

B: Y ella lo único que hace es gastar.

A: Y pasar la tarde hablando con las vecinas. ¿Qué dirán? Odio a la gente que critica.

B: ¡Chisst! Ahí viene...

OBSERVA:

Me	levanto	a las diez
Te	levantas	

El Ella Usted	se	levanta	temprano

PRACTICA:

a) **¿Qué haces cada día? Enumera brevemente tus actividades diarias:**

....

....

....

....

....

....

....

....

....

....

....

b) **¿Qué hiciste el domingo pasado? Ahora enumera lo que hiciste el domingo:**

....

....

....

....

....

....

....

....

....

....

c) **Compara ambos ejercicios:**

Generalmente me levanto a las ...., pero el domingo pasado ....

1. ....

2. ....

3. ....

4. ....

5. ....

6. ....

7. ....

Señora:	Oiga, por favor.
Dependienta:	Sí, un momento.
Señora:	Perdone, tengo prisa.
Dependienta:	Dígame, ¿qué desea?
Señora:	Una falda.
Dependienta:	Tenemos unas faldas de lana preciosas. Han llegado hoy y son la última moda.
Señora:	¿No tienen faldas de pana? Quiero una marrón para hacer juego con unas botas altas.
Dependienta:	Lo siento, en pana sólo tenemos conjuntos de falda y chaqueta y no los puedo vender separados. Mire. Aquí tiene éste. Es muy bonito.
Señora:	¿Cuánto cuesta?
Dependienta:	Ocho mil pesetas. Está muy bien de precio.
Señora:	Es un poco caro. ¿Y no tiene más modelos?
Dependienta:	Tenía otros, pero se han acabado. ¿Desea algo más barato?
Señora:	No, no, gracias.

Dependiente:	¿En qué puedo servirle, señorita?
Señorita:	Quiero comprar un bolso y un paraguas.
Dependiente:	El bolso, ¿cómo lo quiere, grande o pequeño?
Señorita:	Grande, de color negro.
Dependiente:	¿De plástico o de piel?
Señorita:	De piel.
Dependiente:	¿Qué le parece éste?
Señorita:	No me gustan los adornos.
Dependiente:	Aquí tiene más modelos. Puede usted mirarlos. Ahora le traeré el paraguas. ¿Cómo lo quiere?
Señorita:	De un solo color, azul o verde.
Dependiente:	Aquí tiene varios paraguas. ¿Ya ha elegido el bolso?
Señorita:	Sí, éste. ¿Cuánto vale?
Dependiente:	Dos mil quinientas pesetas.
Señorita:	De acuerdo. ¿Y este paraguas azul?
Dependiente:	Son mil pesetas justas. En total, tres mil quinientas.

Señora:	Quiero comprar unos zapatos.
Dependiente:	¿Qué número gasta, por favor?
Señora:	El cuarenta.
Dependiente:	¿Ya ha elegido usted el modelo en el escaparate?

Señora:	Sí, el modelo dos mil ciento cuarenta y cinco.
Dependiente:	¿De qué color, negros o marrones?
Señora:	Negros.
Dependiente:	Un momento, por favor. Se los traeré en seguida.

I. **Va usted a una tienda. Desea comprar unas medias. Complete, indicando talla y color.**

A: ¿Qué .... ?
B: Quiero ....
A: ¿De qué .... ?
B: ....
A: ¿Y de qué .... ?
B: ....
A: Son ....
B: De ....

II. **Completa según el modelo:**

A: ¿De qué color quiere la/el ......?
B: La/Lo quiero ....

falda	blanco
pañuelo	azul
camisa	negro
corbata	marrón
pantalones	rojo
blusa	rosa
vestido	verde
chaqueta	gris

I. Quieres comprar:

a)
      una falda
      un abrigo
      unos pantalones
      un jersey
      una camisa
      una blusa
      unos zapatos
      un traje

b) Elige
      color
      talla
      número
      precio aproximado

II.
¿De qué color es la bandera de…

España?	Inglaterra? ....
Méjico?	Colombia? ....
Francia?	Perú? ....
Estados Unidos?	Argentina? ....
Rusia?	Venezuela? ....

III. Completa:

Antes (tenía)	un traje gris	*Ahora* (tengo)
gustar	zapatos negros	....
comprar	falda azul	....
desear	camisa blanca	....
querer	corbata marrón	....
preferir	jersey verde	....

LA VIDA REAL...

A: Hombre, Paco. Pero, ¿no estabas en el extranjero?

B: Volví ayer. ¿Cómo me encuentras?

A: Te veo moreno, pero un poco más delgado.

B: Claro, hombre, con tanto viaje. He estado en los Carnavales de Río.

A: ¿Río? ¿Río de Janeiro?

B: Pues, claro. Estuve en las playas de Ypanema. Y ¡qué chicas! Con esa manera de andar, ese idioma suave y esa samba...

A: Cuenta, cuenta.

B: No hay mucho que contar. Saqué el primer premio en un sorteo. Un viaje a Río de Janeiro con todos los gastos pagados. Dos semanas si iba solo, y una, si iba acompañado. Preferí ir solo, por supuesto.

A: Y, ¿qué hiciste?

B: La primera semana, de visita. Estuve en el Cristo del Corcovado, en el Pan de Azúcar, en Copacabana, en la Barra de Tijuca... Recorrí todo Río y sus alrededores.

A: ¿Y luego?

B: La segunda semana, en los Carnavales. ¡Qué divertido! No te lo puedes imaginar. Es una verdadera fiesta popular: alegría a todas horas, bailes, canciones...

OBSERVA:

I.

¿Qué desea?	→	Quiero	un pantalón unos zapatos

II.

¿De qué	color? talla? número? precio? tamaño?	De color azul De la talla treinta y nueve Del número cuarenta y dos Caro/Barato Grande/Pequeño

III.

¿Cuánto	cuesta? es?	Son dos mil pesetas.

IV.

Mi chaqueta Mi abrigo	es	verde/gris/azul/marrón
Mis chaquetas Mis abrigos	son	verdes/grises/azules/marrones

V. Prendas de vestir:

HOMBRE	MUJER
traje	traje
abrigo	abrigo
camisa	blusa
corbata	chaqueta
pantalón	falda
calcetines	vestido
zapatos	zapatos
zapatillas	medias
botas	botas
camiseta	zapatillas

EJERCICIO:

Responde

¿Qué llevas puesto hoy?
¿Qué llevarás mañana?
¿Qué llevabas ayer?

Mercado de divisas de Madrid

	Comp.	Vend.		Comp.	Vend.
Un dólar USA	86,335	86,565			
Un dólar canadiense	72,892	73,173	Un marco finlandés	21,072	21,180
Un franco francés	17,188	17,251	Cien chelines austriacos ...	572,627	576,446
Una libra esterlina	190,575	191,429	Cien escudos portugueses	150,409	151,337
Una libra irlandesa	147,563	148,303	Cien yenes japoneses	40,430	40,633
Un franco suizo	44,447	44,681	Un peso mejicano	12,000	12,500
Cien francos belgas	247,151	248,521	Un peso colombiano	1,800	1,900
Un marco alemán	40,532	40,736	100 pesos uruguayos	19,000	19,000
Cien liras italianas	8,143	8,173	100 bolivianos	3,200	3,500
Un florín holandés	36,590	36,765	100 guaranís	45,000	46,000
Una corona sueca	18,610	18,700	Un bolívar	16,000	16,500
Una corona danesa	12,880	12,934	Un sol	1,000	1,000
Una corona noruega	15,901	15,972	100 pesos chilenos	5,000	5,500

Los filósofos dicen: «El dinero es un mal necesario».

La gente dice: «El dinero no es un mal y es necesario».

Probablemente todos tienen razón. Y, ¿qué puede usted hacer con el dinero?

¿Es usted extranjero? Entonces debe usted cambiarlo en un Banco.

Si la moneda de su país está más alta, tiene usted suerte. Es lo primero; luego podrá usted ir de compras.

(En el Banco)

Turista: Por favor, ¿puede usted cambiarme novecientos francos suizos en pesetas?

Empleado: Con mucho gusto. Su pasaporte, por favor.

Turista: Aquí está.

Empleado: Bien. Firme aquí abajo. Ya está. Son treinta y ocho mil cuatrocientas treinta y cinco pesetas. ¿Quiere billetes de mil o de cinco mil pesetas?

Turista: Cuatro de cinco mil y el resto de mil. Y déme también alguna moneda suelta.

Albert: Ya podemos ir de compras. He cambiado los francos esta mañana. Están más caros que el año pasado, es una suerte.

Brigitte: ¿A cómo valían el año pasado?

Albert: A treinta y nueve con cincuenta pesetas el franco suizo, y ahora valen a cuarenta y tres pesetas.

Brigitte: Estupendo. Entonces, entremos al mercado. Haremos la compra. ¿Te gusta el pescado, Albert?

Albert: Más que la carne. Mira, aquí tienes sardinas. Y están baratas. Cuestan menos que la carne.

Brigitte: Las sardinas me gustan poco. Me gusta más la merluza.

Albert: Pero la merluza es cara, ¿no te parece? Cuesta tanto como la carne.

Brigitte: ¿Sabes, Albert? Me parece que es mejor comprar un pollo; sólo vale a ciento cincuenta pesetas el kilo, y con un pollo tendremos para dos días.

I. Completa:

A: Por favor, ¿puede usted cambiarme .... en .... ?

B: Con .... Su ....

libras esterlinas

francos franceses

dólares

bolívares

marcos alemanes

pesos

liras

florines

II. Mira el mercado de divisas de la página 114. Compara el valor de cada moneda:

A: El franco francés vale 17,18 ptas.

   El dólar USA, 86,5

B: El dólar USA vale
$\begin{cases} \text{más} \\ \text{menos} \\ \text{tanto} \end{cases}$
$\begin{matrix} \text{que} \\ \\ \text{como} \end{matrix}$
     el franco francés.

III. Compara precios: Vas de compras. Compara estos precios con los de tu ciudad:

cerezas	150,– ptas./kg.	
atún	75,– »	»
espárragos	250.– »	»
melocotón en almíbar	180,– »	»
cebollas	25,– »	»
azúcar	48,– »	»
naranjas	35,– »	»
manzanas	38,– »	»
tomates	26,– »	»

I. La bolsa de Bilbao. Compara valores: ayer y anteayer:

Bilbao

(89,73 + 0,51)

	Ayer	Anterior
Central	279	281
Banesto	249	248
Hispano	231	231
Santander	326	326
Popular	230	219
Bilbao	288	288
Vizcaya	225	227
Guipuzcoano	267 s/d	267
Seg. Aurora	440	440
Seg. Bilbao	–	245
N. Aznar	–	30
N. Bilbaína	–	100
N. Vascongada	–	100
Iberduero	65	65,5
Hidrola	62,25	62,5
Unión Eléc.	63,5	61
Sevillana	60	55
E. Viesgo	54	55
Reunidas	38	38

—Central vale
tanto como
menos que   ....
más que

¿QUÉ TE GUSTA MÁS?

II. ¿Qué te gusta más? Expresa
tus gustos en comidas:

....

....

III. Extensión en kilómetros cuadrados de países de habla hispana: Compáralos entre sí
o con algún país que tú conoces:

AMERICA CENTRAL Y ANTILLAS				AMERICA DEL SUR			
Estado	Extens. en km.^{2}	Núm. hab.	Capital	Estado	Extens. en km.^{2}	Núm. hab.	Capital
México	1.972.546	50.004.400	México	Colombia	1.138.822	22.048.700	Bogotá
Guatemala	108.889	5.303.600	Guatemala	Venezuela	912.050	10.564.000	Caracas
Honduras	112.088	2.718.044	Tegucigalpa	Ecuador	270.670	6.384.200	Quito
El Salvador	21.393	3.554.000	S. Salvador	Perú	1.285.215	14.014.600	Lima
Nicaragua	127.664	2.076.241	Managua	Bolivia	1.098.581	4.804.000	La Paz
Costa Rica	50.900	1.706.000	San José	Chile	756.945	9.780.000	Santiago
Panamá	75.650	1.425.343	Panamá	Argentina	2.776.655	24.727.000	Buenos Aires
Cuba	114.524	8.553.395	La Habana	Paraguay	406.752	2.303.000	Asunción
Rep. Dom.	48.486	4.012.000	Sto. Dom.	Uruguay	186.926	2.852.000	Montevideo
Haití	27.750	5.400.000	P. Príncipe				
Puerto Rico	8.897	2.754.000	San Juan				

LA VIDA REAL...

Doña Eulalia: ¡No sé a dónde iremos a parar con estos precios! Las patatas han subido hoy cuatro pesetas. Y los huevos, ¡a seis pesetas más la docena!

Doña Matilde: ¡La vida sube, hija, la vida sube! Y sólo tenemos un remedio: «apretarnos el cinturón», como dicen en la tele.

Doña Eulalia: No hay derecho, mujer. La carne está por las nubes. El pescado está intocable por el precio. ¿Y las verduras? ¡Pues no te digo nada de las verduras!

Doña Matilde: ¡Y nosotras que no podemos comer más que verduras!

Doña Eulalia: Pues el tomate, dos pesetas más caro; las manzanas, a treinta y cinco pesetas el kilo; las peras, a cincuenta, el melocotón, a cien. ¡Más caro que nunca, Matilde!

Doña Matilde: Sí, Eulalia, sí. ¡Cómo cambian los tiempos!

OBSERVA:

I.

Por favor,	¿puede usted	cambiarme	500 francos suizos 100 dólares USA	en	pesetas? soles?

Con mucho gusto	
Lo siento, hoy no tenemos	francos suizos soles

II.

¿A	cómo	valen	los francos suizos? los soles?

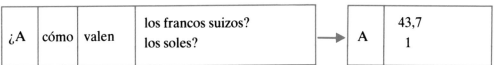

A	43,7 1

III.

El pescado	me gusta	más menos	que la carne

La merluza	cuesta	tanto	como	la carne

Las sardinas	me gustan	poco mucho

IV. **Lo que puedes hacer en un Banco:**

—abrir:
- una cuenta corriente
- una libreta de ahorros
- una libreta a plazos

—ingresar dinero

—sacar dinero

—cobrar/ingresar un talón

—pedir un préstamo

—cambiar dinero

20 PASEN USTEDES POR RECEPCION

Pilar es guía turística. Trabaja para la empresa de turismo «Euroclub». Todos los martes y jueves va al aeropuerto a esperar a grupos de turistas y llevarlos a sus hoteles en autocar. En el viaje hacia el hotel da instrucciones a los turistas:

«Dentro de media hora, estarán ustedes en el hotel elegido. Al llegar,
- —Pasen ustedes por recepción.
- —Entreguen sus pasaportes al recepcionista.
- —Recojan las llaves de sus habitaciones y suban sus equipajes a la habitación.
- —Antes de salir de nuevo a la calle, recojan sus pasaportes. Los pueden necesitar.
- —Recuerden, además, que los Bancos cierran a las dos de la tarde. Si necesitan cambio, esperen a mañana por la mañana; el cambio en el hotel es un poco más caro.
- —No dejen dinero ni objetos de valor en sus habitaciones y cierren la puerta con llave al salir.

Si necesitan ayuda o alguna otra información, no duden en preguntarme. Yo estaré en el hotel todas las mañanas de nueve a diez y media.
Les deseo a todos una estancia agradable en nuestro país.»

(Cuando Pilar regresa a casa tiene que ocuparse de sus hijos: Pepito, de diez años; Luis, de ocho, y Anita, de cinco.)

Madre: Niños, venid. La cena está lista.

Luisito: ¡Qué bien! Yo tengo mucha hambre.

Madre: Pero... ¿qué habéis hecho? ¿Por qué estáis tan sucios?

Pepito: Hemos jugado al fútbol.

Anita: Y yo he dibujado con mis lápices de colores.

Madre: Id al baño inmediatamente y lavaros. Después venid al comedor.

Luisito: En seguida, mamá.

Madre: A ver, vosotros dos, ayudadme. Coged los platos, cuchillos, cucharas y tenedores. Y tú, Anita, toma las servilletas. Ponlas sobre la mesa. Muy bien. Sentaros. Voy a serviros la comida.

Anita: ¿Qué hay de postre, mamá?

Madre: Tarta de manzana. Pero antes acabad la sopa y el pescado.

Anita: ¿Por qué? A mi me gusta la tarta de manzana.

Luisito: Mamá, ¿por qué no empezamos por el postre?

I. Un grupo de amigos prepara un viaje-safari por Africa. Di

QUE DEBEN HACER	QUE NO DEBEN HACER
ir a una agencia de viajes	ir solos
sacar pasaporte	ir en coche particular
llegar a tiempo al aeropuerto	acercarse a los leones
cambiar dinero	andar solos por la selva
reservar hotel	cazar animales salvajes
vacunarse, etc.	matar elefantes, etc.

Ejemplo:	
Id a una agencia de viajes	**No vayáis** solos

II. Unos amigos llegan por vez primera a Madrid.

¿Qué deben hacer? Dales instrucciones:

ID AL MUSEO DEL PRADO
visitar El Pardo
comer cocido en el restaurante «Basauri»
visitar el palacio real
tomar unos vinos en la Plaza Real
ir al palacio de Aranjuez
pasear por las calles al anochecer, etc.

III. Completa, dando instrucciones:

Si necesitan cambio, ...
Si van de viaje a España, ...
Si toman el sol en verano, ...
Si salen de la ciudad por la noche, ...
Si hace frío, ...
Si viajan en avión, ...

I. Da instrucciones según el modelo:

> A: ¿Podemos bañarnos?
>
> B: Sí, bañaros ahora
>
>   No, no os bañéis

lavarse

callarse

acostarse a las diez

despertarse a las once

sentarse en el sofá, etc.

II. El profesor da instrucciones a sus alumnos:

> *ESTUDIAD MUCHO*
> leer el Quijote
> aprender la lección
> hacer los ejercicios
> ser puntuales
> venir a clase cada día
> escribir un dictado
> copiar estas páginas

III. Da órdenes a tu compañero según el modelo:

> A: ¿Me levanto?
>
> B: Levántate

> sentarse, levantarse, callarse
> tomarse un refresco, lavarse,
> ponerse la corbata, etc.

IV. Escribe las instrucciones adecuadas:

1. Son las diez: es hora de levantarse ⟶ **Levantaros**
2. Es sábado: es un día para divertirse ....
3. Es la hora de clase: hay que callarse ....
4. Son las doce de la noche: hay que acostarse ....
5. Está muy cansado: debe sentarse en este sofá ....
6. Es la hora de comer: debe ponerse la mesa ....

LA VIDA REAL...

**EL AYUNTAMIENTO DE ESTA CIUDAD
HACE SABER:**

1. Está prohibido tirar basuras a la calle.
2. Está prohibido tirar papeles al suelo.
3. Está prohibido pintar las paredes o poner anuncios en lugares no autorizados.
4. Está prohibido transportar materiales peligrosos por la ciudad.
5. Los mercados deben cuidar especialmente la limpieza.

En todos estos casos, la policía municipal vigilará con especial cuidado a todos los ciudadanos. En todos los locales públicos se exigirá la máxima limpieza.

EL ALCALDE

OBSERVA:

I.

(No)	Pasen	ustedes por recepción
	Recojan	sus pasaportes
	Suban	sus equipajes a la habitación

Sentaros/Sentaos
Lavaros/Lavaos

Venid aquí
Id al baño
Ayudadme

II. Instrucciones para tener buena salud:

Comer poco
Hacer ejercicio
Ducharse cada día
No permanecer sentado más de ocho horas diarias
No tener preocupaciones
Divertirse con moderación
Estar alegres
Ser optimistas
Acostarse pronto
Levantarse temprano
No beber mucho
No fumar

III. Da las instrucciones oportunas para tener buena salud, según el ejercicio anterior:

....
....
....

Turista: ¡Por favor, señor¹

Señor: ¿Yo? ¿Desea algo?

Turista: Sí. Soy extranjero y me he perdido. No sé dónde estoy. ¿Puede ayudarme?

Señor: Veamos. Yo tampoco soy de aquí, pero conozco un poco la ciudad. Esto es la Plaza del Centro. Sí. Aquí está la calle Mayor. Este es el puerto... Déjeme ver.

Turista: Tenga el plano.

Señor: Bien. La calle Mayor da a la calle de la Villa. Ya está. Estamos aquí, en el pasaje del Mesón. ¿Lo ve usted?

Turista: Sí, sí, ya lo veo.

Señor: Pues, ¡suerte!

Turista: Gracias, señor; muchas gracias.

Señor: De nada. No se merecen.

Turista: Por favor, ¿cómo se va al Museo de Arte Moderno?

Guardia: ¿Al Museo de Arte Moderno? Déjemelo pensar. Museo de Arte Moderno... ¿El Museo que está en la Plaza de la República?

Turista: Sí, ése.

Guardia: Mire. Siga usted de frente hasta el primer semáforo. Luego gire a la derecha. Coja la segunda calle a la izquierda. Al final encontrará a otro guardia. Pregúntele a él. Está cerca de allí.

Turista: Este es el semáforo... Ahora a la derecha... Calle primera... Calle segunda... Ahora a la izquierda... Ahora a la derecha...

Acompañante: ¡Mira! Ahí está el otro guardia. Pregúntale. Seguramente el Museo está cerca.

Turista: Por favor, ¿podría indicarme cómo se va al Museo de Arte Moderno?

Guardia: ¿Al Museo de Arte Moderno?

Turista: Sí, sí. El otro guardia nos dijo...

Guardia: ¿Pero ustedes otra vez? Ya me han preguntado hace un momento por el mismo Museo.

Turista: Perdone usted, señor. Nos hemos equivocado.

Guardia: Vayan de nuevo hasta el semáforo, luego a la derecha... Y luego la segunda calle hacia la izquierda. ¿Lo han entendido bien ahora?

Turista: Sí, sí, muchas gracias.

Acompañante: Helmut, ¿no dices que sabes mucho español?

I. Completa:

1 Museo de Santa Agueda 2 Arch. Corona de Aragón 3 Catedral 4 Ayuntamiento 5 Casa Padellás 6 Arco del Triunfo 7 Museo de Arte Moderno 8 Monumento a Colón 9 Opera 10 Basílica de Bethléem 11 Sagrada Familia 12 Plaza de Toros 13 Universidad 14 Plaza de Toros 15 Pueblo Español 16 Palacio Nacional 17 Miramar 18 Estadio 19 Castillo de Montjuich 20 Estación de Francia 21 Estación del Norte 22 Museo Marítimo

A: ¿Podría .... Universidad?

B: No .... Pero ....

A: .... un plano.

B: A ver. Estamos en ....

A: Sí, sí. Gracias.

B: ....

II. Mira el plano anterior. Da instrucciones para ir:

1. Del puerto a la catedral   ....

2. Del puerto al Montjuich   ....

3. De .... a las ramblas   ....

4. ....

5. ....

III. Completa según el plano de la ciudad en que vives:

A: ¿Cómo se va .... ?

B: Lo siento, ...

....

IV. Describe cuatro puntos del plano de I.

1. El Museo de Arte Moderno está ....

2. El monumento a Colón ....

3. La Universidad ....

4. La Plaza de Cataluña ....

128

I. Completa según el modelo:

> A: ¿Le pregunto al guardia?
> B: Sí, pregúntale.

1. pedir información .... guardia urbano
2. preguntar la dirección .... policía
3. dejar el plano .... joven
4. comprar un plano .... vendedor
5. dar las gracias .... señor
6. preguntar la hora .... señorita

II. Llegas por primera vez a México.

Vas a la oficina de Información y Turismo. Completa:

A: ¿ .... ?
B: Sí, con mucho gusto. Aquí tiene usted un plano.
A: ¿ .... ?
B: Las pirámides están fuera de la capital. A unos 50 kilómetros.
A: ¿ .... ?
B: Puede usted ir en coche o en autobús.
A: ¿ .... ?
B: Una hora aproximadamente.
A: ¿ .... ?
B: Sí, señor. Le podemos reservar billete.
A: ¿ .... ?
B: El autobús sale a las 10,30; delante de esta puerta.

III. Mira el plano de I.

Te has perdido en las ramblas.

Quieres ir a ....

> a) Pregunta a tu compañero cómo se va allí.
> b) Aconseja a tu compañero cómo llegar allí.

LA VIDA REAL...

EL AYUNTAMIENTO DE BARCELONA

Y

EL CONSULADO DE TUNEZ

Tienen el honor de invitar a V_____ a la presentación de la
exposición conjunta de los artistas

Hachmi Jmal,
Mohamed Yangui,
Ridha Ben Arab, ceramistas
Rafael Rosés, "ritmología sobre plancha metálica"

Palacio de la Virreina
del 17-3 al 12-4-1981.

Inauguración:
17 de marzo de 1981, a las 19 horas.

AUTOMOVILES MEYA
Ronda General Mitre, 227
BARCELONA - 6

Tenemos el placer de poner en su conocimiento la apertura
del establecimiento que, para su servicio, inauguramos el
próximo día 30 de diciembre.

Le invitamos gustosamente el citado martes treinta, a
partir de las siete de la tarde, para que nos honre con
su presencia.

OBSERVA:

Por favor, ¿podría	decirme indicarme	cómo se va	al Museo? a la Plaza Mayor?

¿Cómo se va	al Museo de Arte Moderno?

Sí	coja siga gire	la primera calle a la derecha de frente hasta el primer semáforo en la cuarta calle a la izquierda

Da- Pregunta-	le	el plano dónde está la Plaza Mayor

EJERCICIO:

a) **Describe: ¿Dónde vives tú?**

en el centro	lejos de ....
en las afueras	cerca de ....
en pleno centro	enfrente de ....
en plena ciudad	al lado de ....
en los alrededores	a la derecha de ....
cerca del mercado	en ....

b) **Explícaselo a tu compañero:**

....

....

....

....

Padre: Entonces la vida era más difícil y quizá más divertida. Mi padre también lo
        decía. Y así lo creía. Ahora lo entiendo.

Hijo: ¿Y cuándo dormías, papá?

Padre: Bueno, dormía poco, casi nada. Me levantaba a las cinco de la mañana. Comía
        un poco de pan. No teníamos dinero para comprar leche. Y al periódico. En
        veinte minutos llegaba allí. Me daban un paquete con el diario del día, veinte o
        treinta, y me iba a la Plaza Mayor: «Ha salido "Las Noticias de la Mañana", el
        Banco ATO, atracado»… Y así gritaba hasta que los vendía todos.

Hijo: ¿Era divertido, verdad? ¿Podré hacerlo yo también?

Padre: A veces no era divertido. Por la mañana hacía mucho frío. A veces llovía. En
        algunas ocasiones, en el invierno, nevaba. Y yo no tenía abrigo.

Hijo: Yo sí tengo abrigo; mi mamá me ha comprado uno hace un mes. ¿Podré ven-
        der periódicos?

Padre: No, hijo, no. No es una diversión. Yo vendía periódicos por necesidad. Ahora
        ya no necesitamos hacer eso. Ahora soy el director de «Las Noticias de la Ma-
        ñana»

Hijo: Pues entonces yo también quiero ser director. ¿Me dejarás ser director, papá?

Periodista:	Todos le conocen actualmente. Es usted un pintor famoso. ¿Cómo ha llegado a ser pintor?
Pintor:	Bueno, es una historia muy larga. Mi padre era ya pintor. Pintaba las casas del pueblo. Pintaba con cal. Y yo le ayudaba. Me gustaba pintar con él.
Periodista:	Pero sus cuadros no están pintados con cal…
Pintor:	No, claro que no. Más tarde, a los dieciocho años, vine a la ciudad y pintaba pisos. Así me ganaba la vida. Y por la noche estudiaba en la Escuela de Bellas Artes. A los veinticuatro años vendí mi primer cuadro. Me dieron dos mil pesetas por él.
Periodista:	¿Me vende usted un cuadro por dos mil pesetas?
Pintor:	Pues no lo sé. Mi agente se encarga de todo eso. Creo que son más caros.
Periodista:	¿Y por quinientas mil pesetas?
Pintor:	Quizá…

I. ¿Qué hacías cuando eras niño/joven? ¿Y ahora?

II. Cuenta qué hacían tres personas de tu familia cuando eran más jóvenes?

Tu abuelo	....
Tu padre	....
Tu hermano/a	....

III. Pregunta a tu compañero:

1. ¿Cómo has empezado a estudiar español?
2. ¿Qué profesión tienes y cómo has llegado a ella?
3. ¿Qué hacías cuando estudiabas?

IV. ¿Qué hacían...?

Describe tomando datos de cada columna:

Velázquez	....	hace muchos años	....	pintor
Zapata	....	en el siglo XIX	....	luchar por su país
Kennedy	....	en 1960	....	presidente
Felipe II	....	siglo XVI	....	Rey de España
Cervantes	....	1695	....	«El Quijote»

I. Responde: cómo y cuándo:

II. Completa según el modelo del dibujo:

trabajar/encontrar trabajo
descansar/dormir todo el día
vender periódicos/revistas
hacer sol/viento
hacer viento/sol
ir a clase/estudiar solo
viajar en avión/en tren

III. Completa según el modelo del dibujo:

—una semana
—cuatro días
—dos años
—tres meses
—veinticinco días
—media hora

LA VIDA REAL...

Era una vez un niño que vivía en el barrio de las barracas y que iba camino de la escuela. Y oía sus zapatos pisando el asfalto y se decía:

—¡Ay, qué pasos más tristes, pasos pequeñitos, y la escuela está tan lejos! ¡Quién me hiciera gigante!

Y después pasó cerca de un viejecito que tenía la cabeza baja, y cerca de una mujer muy triste que vendía castañas asadas.

Y la mujer le preguntó:
—¿Por qué vas tan triste, pequeño?
—Porque mis pasos son muy pequeñitos y la escuela está muy lejos y mi madre es muy pobre.

Y ella le dice:
—Yo también soy muy pobre, pero toma estas castañas calentitas y estos céntimos, y ve en autobús.

Se lo agradecí mucho y cuando entré en el autobús me senté en seguida junto a la ventana para ver las calles. Todo pasaba deprisa: los bueyes que pacían en el campo, las mujeres que iban a la fábrica, los pájaros que volaban en el cielo...

Y yo grité:
—¡Ahora me doy cuenta de que es primavera! ¡Qué bonito es ir en camioneta! No se gastan las suelas y la gente no va cansada y puede ver la vida.

Y cuando llegué a la escuela conté esto a mis compañeros y toda la mañana pensé en la vieja de las castañas.

OBSERVA:

I.

Entonces De niño De joven Cuando era niño Cuando era joven	trabajaba ganaba dormía	mucho poco más

En	1950 1980	estudié acabé empecé	en la Escuela los estudios a trabajar

II.

¿Cómo	ha llegado	a (ser)	pintor? director?

III.

¿Qué	era hacía	usted	en	1940? 1965?	→ En	1940 1965	era hacía de	botones

IV.

Hace	dos meses tres semanas	(que)	no llueve nieva

Volverá	dentro de	diez días

(Alicia viene a pasar unos días en casa de su amigo Pedro. El vive en Sevilla. Ella llega antes de lo previsto)

Alicia: Oiga, ¿podría hablar con Pedro González, por favor?

Juan: Un momento. Pedro, es para ti, de una chica.

Pedro: ¿Quién es?

Alicia: Soy yo, Alicia. ¿Cómo estás?

Pedro: Muy bien, ¿y tú? ¿Cuándo llegarás?

Alicia: Ya estoy aquí. Acabo de llegar a la estación.

Pedro: ¿Cómo? No te esperaba hoy.

Alicia: He tenido que adelantar el viaje porque no había billetes. Siento no haberte avisado antes.

Pedro: Bien. Espérame en el bar de la estación. Iré a buscarte.

Alicia: No te molestes. Puedo coger un taxi.

Pedro: No serviría de nada. Sin llaves no podrías entrar en casa. No te preocupes y espera.

Pedro: Ha llegado Alicia. ¿Cómo le pido permiso al jefe para salir ahora?

Juan: Va a ser difícil. Hoy está de mal humor y hay mucho trabajo. Inventa una excusa.

Pedro: Perdone por interrumpirle. ¿Podría hablar con usted un momento?

Jefe: ¿Es urgente? Ahora estoy muy ocupado. Espero una conferencia y...

Pedro: Sólo es un minuto.

Quería pedirle permiso para salir un par de horas. Tengo que ir a la estación a recoger a alguien.

Jefe: ¿Y no puede esperar hasta la hora de salida?

Pedro: Acaba de llegar de un viaje largo y está cansada. Tengo que llevarla a casa.

Jefe: Ustedes siempre están complicando las cosas. El trabajo debe anteponerse a todo.

Pedro: Lo siento mucho. Pero se trata de mi madre. Es muy anciana y casi no puede caminar.

Jefe: Está bien. Si es así, vaya a buscarla. Pero no tarde en volver.

Pedro: Ya hemos llegado. Yo llevaré las maletas.

Alicia: Siento haberte causado tantas molestias.

Pedro: No tiene importancia (...) Esta es tu habitación. Siento no haberla ordenado.

Alicia: No te preocupes. Yo la ordenaré.

Pedro: Puedes colocar tus cosas en ese armario. Dentro encontrarás sábanas y toallas. La cama está sin hacer.

Alicia: No importa. Yo la haré.

Pedro: Ahora debo volver a la oficina. Tengo mucho trabajo. Volveré a la hora de comer. Podemos ir a un restaurante.

Alicia: Si quieres, yo puedo hacer la comida.

Pedro: Me parece estupendo, si no te molesta.

Alicia: No, hombre. La haré encantada.

I. Propón un plan a alguien:

a) Acepta:

> A: ¿Qué te parece si vamos al tea-
>   tro?
> B: Es una buena idea.
> A: De acuerdo.
> B: Estupendo.

> A: ¿Te gustaría cenar conmigo es-
>   ta noche?
> B: Encantada/o

*b) Rechaza la propuesta cortés-
mente:*

> A: ¿Te apetece bailar?
> B: Lo siento, pero estoy muy can-
>   sada.

> A: ¿Qué tal si salimos esta noche?
> B: Me encantaría, pero tengo tra-
>   bajo.

II. Practica con otro estudiante según los modelos de a):

—¿Qué te parece si...?
—¿Qué tal si...?

—¿Te gustaría...?
—¿Te apetece...?

VACACIONES EN PARIS	VISITA MUSEO de 9 a 13 y de 16 a 18 h.	ESTA NOCHE: CONCIERTO DE JAZZ
VENTA DE COCHES: OCASION	15 DIAS EN CANADA POR 4.000 PESETAS	BIBLIOTECA PUBLICA
RESTAURANTE AUTOSERVICIO	PISCINAS PUBLICAS	CLUB DE TENIS
PLAYA	TV: PARTIDO DE FUTBOL A LAS CINCO DE LA TARDE	

Pide disculpas:

A: Discúlpame por llegar tarde.
B: No te preocupes.

A: Siento despertarte a estas horas.
B: No importa.

A: Perdona por no haberte escrito.
B: No tiene importancia.

A: Siento no haber traído el regalo.
B: Es igual.

Debes disculparte ante estas personas porque:

1. Has perdido el tren.
2. Interrumpes a un compañero.
3. No has hecho los deberes.
4. Has roto un vaso.
5. No puedes ir al aeropuerto.
6. Has olvidado las llaves del coche.
7. No puedes salir antes de las cinco.
8. No has llegado a la hora.
9. No puedes salir esta noche.
10. Has estropeado el tocadiscos.

LA VIDA REAL...

Joven: ¡Hola! ¿Puedo sentarme aquí?

Alicia: ¿Por qué no? El banco está libre.

Joven: ¿Eres nueva en la ciudad?

Alicia: Sí, acabo de llegar.

Joven: ¿Te gustaría visitar la ciudad conmigo?

Alicia: Lo siento, pero no puedo. ¿Tú eres de aquí?

Joven: Sí, nací en Sevilla.

Alicia: ¿Has venido a esperar a alguien?

Joven: No. He venido a dar un paseo. Me gusta venir a la estación. ¿Te hospedarás en un hotel? Aquí son muy caros. En casa tengo un dormitorio libre. ¿Qué te parece si...?

Alicia: Lo siento, pero me es imposible.

Joven: ¿Y si vamos esta noche al teatro? Hay un estreno importante.

Alicia: Me gustaría, pero no puedo.

Joven: Esperas a alguien.

Alicia: Sí, a un amigo. Ahí viene. ¡Hola! ¡Cuánto me alegro!

Pedro: ¡Hola! Siento haberte hecho esperar.

Alicia: (*al joven*) Este es mi amigo Pedro, (*a Pedro*) y éste es... ¿Cómo te llamas?

Joven: Jorge.

Alicia: Yo, Alicia. Adiós.

Joven: Hasta la vista.

OBSERVA:

I. Hacer planes:

¿Qué te parece si ¿Qué tal si	vamos al cine?
¿Te gustaría ¿Te apetece	ir al cine?

→

Estupendo. Me parece muy bien. Lo siento, pero... Prefiero ir al teatro. Me gustaría mucho, pero...

II Disculparse:

Siento mucho Perdóname por Discúlpame por	llegar tarde. haber llegado tarde

→

No te preocupes. No tiene importancia. Es igual. No importa.

EJERCICIO:

Completa el siguiente diálogo:

(*Llegas tarde a una cita con un amigo/a. Te disculpas. El acepta tus disculpas. Hacéis planes para pasar la tarde*)

A: ....

B: No tiene importancia. Sólo pasan cinco minutos.

A: El autobús se ha retrasado. ¿ .... ?

B: Es una buena idea, pero no hay ninguna película interesante.

    ¿ .... ?

A: Lo siento, pero no me gusta bailar.

B: ¿Qué hacemos entonces?

A: ¿ .... ?

B: Muy bien. Hace mucho tiempo que no voy a nadar.

Augusto no va al trabajo desde hace dos semanas. Está enfermo. Todo empezó una tarde del mes de enero. Al principio le dolía la cabeza; luego le empezó a doler el estómago; después el vientre; le subió la fiebre: tenía 39° C.

Su mujer llamó al médico. Augusto estaba grave.

Una ambulanacia le llevó al hospital.

Volverá a casa dentro de cuatro o cinco días.

Médico:	Y a usted, ¿que le duele?
Paciente:	Me duele mucho la cabeza. Ayer también me dolía la espalda, el vientre, todo el cuerpo…
Médico:	Su mano, por favor. Le tomaré el pulso. Sí, tiene usted fiebre. ¿Cuándo comenzó el dolor?
Paciente:	Hace dos días.
Médico:	¿Y ha sido continuo?
Paciente:	Al principio, no; pero después, sí.

Médico: Echese de espaldas. Muy bien… Ahora póngase de lado. Respire hondo. Llene bien los pulmones. De acuerdo. El corazón le va bien. Abra la boca… hm… Estire bien los brazos y las piernas… Y ahora póngase de pie. Ya está.

Paciente: ¿Qué me pasa, doctor? ¿Estoy muy mal?

Médico: No se preocupe. Es poca cosa. Pero tendrá que ir usted al hospital y guardar cama durante unos días.

(En el hospital)

Enfermera: ¿Cómo se encuentra hoy?

Enfermo: Bien. Mejor que ayer.

Enfermera: Estupendo. Vamos a ver la temperatura. Póngase el termómetro. ¿Ha pasado bien la noche?

Enfermo: He dormido un poco.

Enfermera: ¿Ha tomado las pastillas?

Enfermo: No. Me he olvidado.

Enfermera: Pues, tómelas ahora… Sólo tiene treinta y siete grados de temperatura. Pronto se pondrá bien. Ahora descanse. Dentro de una hora le traerán el desayuno.

I. Conversación:

a)

A: ¿Qué te/le sucede?	cabeza
B: Me	espalda
	estómago
	vientre
	mano
	pie

b)

A: ¿Cómo se/te encuentra/as (hoy)?	peor
B:	bien
	mal
	me duele...
	estupendamente

II. Te encuentras mal. Vas al médico. Explícale qué te pasa.

III. Un amigo tiene mucha fiebre. Pregúntale por su salud y hazle recomendaciones para que mejore.

IV. Describe tu última enfermedad.

V. Completa *(en la consulta médica)*:

A: ¿Qué .... ?

B: Me .... Y .... 39° ....

A: A ver. Déme la mano. ....

Muy bien. ¿Cuándo .... ?

B: ....

A: Respire .... Abra ....

B: ¿Qué .... ?

A: No sé .... Es ....

Pero tendrá que .... días.

I. Conversación:

> A: ¿Desde cuándo .... ?
>
> B: ....

tener fiebre	dos días
doler la cabeza	tres horas
guardar cama	cinco meses
estar en el hospital	dos semanas
tomar las pastillas	diez meses
tener resfriado	ocho días
ir al médico	siete años

II. Tu estado de salud:

En 1965	*Este año*	*Ahora*
fiebre	resfriado	bien
hospital	cama	peor
bien	mal	muy enfermo
muchos dolores	dolores de vez en cuando	visitar al médico

tuve, tenía, etc.	he tenido, etc.	tengo, etc.

III. Responde según el dibujo:

IV. Tu horóscopo:

Virgo
VIRGO
(25-8/23-9)

Conserva la confianza.
Descansa ocho horas diarias.
Tu salud estará influenciada por el paso de Saturno.
El sábado tendrás dolores de cabeza y malestar general en el cuerpo.
No tomes medicinas.
El resto de la semana tu biorritmo mejorará y serás optimista.

LA VIDA REAL...

Señor: ¿Quién es el último?

Señora: Una servidora.

Señor: Gracias. ¿Hay muchos delante de usted?

Señora: Unos pocos. Creo que nueve.

Señor: Siempre hay que esperar y hacer cola.

Señora: ¡Hasta para curarse hay que hacer cola!

Señor: Sí, sí, es verdad. ¿Tiene usted algo grave?

Señora: No, creo que no. Es una visita de rutina. Y además, necesito una receta para el niño.

Señor: Entonces, no se preocupe. Más vale tener que esperar que estar enfermo. En esto yo no tengo tanta suerte.

Señora: Sí. Parece que no tiene usted buena cara.

Señor: He estado bastante tiempo enfermo y ahora estoy convaleciente. No me encuentro bien. A veces tengo mareos. No tengo hambre, como poco...

Señora: Pues debe usted cuidarse. Un vecino mío no se cuidó bien después de pasar una enfermedad y tuvo que volver al hospital. Y eso es peor.

Enfermera: Número trece, por favor.

Señor: Ese soy yo. Hasta luego, señora. Ahora me toca a mí.

OBSERVA:

I.

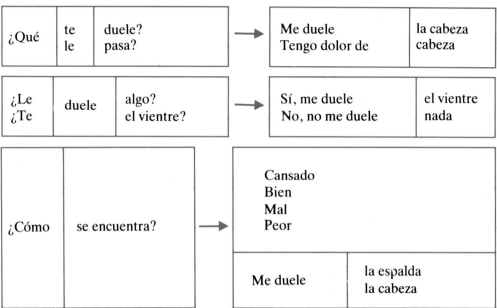

| ¿Qué | te
le | duele?
pasa? | → | Me duele
Tengo dolor de | la cabeza
cabeza |

| ¿Le
¿Te | duele | algo?
el vientre? | → | Sí, me duele
No, no me duele | el vientre
nada |

| ¿Cómo | se encuentra? | → | Cansado
Bien
Mal
Peor |
| | | | Me duele · la espalda / la cabeza |

II. Si estás enfermo, puedes…

—Tener fiebre (temperatura alta, baja)
—Tener dolor de cabeza, etc…
—Dolerte la cabeza, etc…
—Tener un resfriado o catarro.
—Tener la gripe.
—Tener anginas.
—Tener que «guardar cama».
—Tener que ponerse una inyección.
—Tener que tomar unas pastillas.

● **Expresiones más usuales:**

—Ponerse enfermo.
—Tener buena salud.
—Tener mala salud.
—Tener buena/mala cara o aspecto.

EJERCICIO:

III. Completa según el modelo:

a)

> A: ¿Desde cuándo estás enfermo?
> B: Desde hace dos días

b)

> A: ¿Desde .... ?
> B: Desde hace ....

(Miguel Prieto es campeón nacional de natación. Hoy está en una fiesta en casa de su amigo Carlos)

Ella:	Y tú, ¿no bebes vino?
Miguel:	No. Tengo que cuidarme. No debo beber alcohol. Prefiero tomar zumos.
Ella:	¿Nunca tomas bebidas alcohólicas?
Miguel:	A veces bebo un poco, pero estos días no puedo hacerlo. Me estoy preparando para el campeonato de Europa.
Ella:	¿Y tampoco fumas?
Miguel:	No. Fumar es muy malo. Me fatiga, y debo mantenerme en forma.
Ella:	La vida de un deportista es un poco aburrida, ¿verdad?
Miguel:	A mí me gusta y creo que es muy sana.

Ella:	Así que tú eres el campeón.
Miguel:	Aspiro a serlo de Europa.
Ella:	¿Te ves con muchas posibilidades?
Miguel:	Procuro estar en buena forma y espero quedar en buen lugar, pero basta de hablar de mí. ¿Tú que haces?

Ella:	Trabajo en un periódico.
Miguel:	¿En la sección de deportes?
Ella:	No. De deportes no entiendo nada. Escribo sobre modas. Mañana tengo que asistir a un desfile.
Miguel:	Espero verte otro día. Ahora debo irme. Es muy tarde.
Ella:	Pero… si sólo son las doce. Yo mañana tengo que levantarme a las ocho, pero pienso quedarme hasta el final de la fiesta.
Miguel:	Pero tú no tienes que entrenarte y yo sí. Me voy. Toma mi tarjeta. Telefonéame algún día.

Miguel:	Lo siento mucho, pero tengo que irme.
Carlos:	Pero, ¡hombre! Ahora se está animando la fiesta. ¿Te aburres?
Miguel:	No, me divierto mucho, pero debo acostarme pronto.
Carlos:	Un día es un día. Quédate un poco más.
Miguel:	Lo siento. Mañana tengo que levantarme muy temprano y debo dormir ocho horas.
Carlos:	Haces una vida muy dura, ¿no crees?
Miguel:	Debo prepararme para el campeonato, ya sabes. Mañana tengo entrenamiento. Debo nadar durante dos horas y luego hacer ejercicios otras tres. Sólo faltan quince días para el campeonato y no puedo perder el tiempo.
Carlos:	Seguro que ganarás. Anda, quédate un poco más.

I. ¿Qué tiene que hacer Miguel si quiere ganar el campeonato?

Menciona cinco acciones:

1. Tiene que ....

2. ....

3. ....

4. ....

5. ....

II. Escribe tres exigencias para cada una de las siguientes profesiones:

«María quiere ser secretaria» Si quiere ser buena secretaria	debe .... necesita .... tiene que ....

1. «Pedro quiere ser médico»
   .... {
   ....
   ....

2. «Luis quiere ser policía»
   .... {
   ....
   ....

3. «Miguel quiere ser arquitecto»
   .... {
   ....
   ....

4. «Carmen quiere ser guía turística»
   .... {
   ....
   ....

5. «Isabel quiere ser atleta»
   .... {
   ....
   ....

6. «Pablo quiere ser piloto»
   .... {
   ....
   ....

Hablar idiomas.	Trabajar muchas horas.	Hacer una vida sana.
Estudiar mecanografía.	Dibujar bien.	Arriesgar su vida.
Escribir a máquina.	Viajar mucho.	Entrenarse mucho.
Tener más de X años.	Saber muchas matemáti-	Estar en forma.
Tener menos de X años.	cas.	
Llevar uniforme.	Tratar a mucha gente.	

I. Si quieres llegar a tiempo al trabajo o a tu lugar de estudio, ¿qué debes hacer por la mañana?

   Menciona cinco actividades:

1. ....
2. ....
3. ....
4. ....
5. ....

II. Luis y José quieren ir de camping este verano.

   ¿Qué necesitan llevar?

....	mantas
....	sacos de
....	dormir
....	tienda
....	linterna
....	mochila
....	comida
....	dinero
....	

III. Un amigo te sugiere planes. Tú no puedes complacerle. Discúlpate y da la razón por la que no puedes aceptar:

A: ¿Qué te parece si vamos mañana al concierto?

B: Lo siento ....

A: ¿Y el martes, qué tal si vamos el martes?

B: ....

A: Y esta tarde, ¿puedes venir conmigo al cine?

B: ....

A: ¡Chica/o! ¡Qué ocupada/o estás! ¿Puedes venir el viernes a cenar a mi casa?

B: ....

A: ¿No tienes ningún día libre?

B: Sí, ...

LA VIDA REAL...

Médico: ¿Se encuentra mejor hoy?

Paciente: Sí, la fiebre ha bajado. Pero todavía me duele la cabeza.

Médico: Está usted nervioso. Debe quedarse en cama quince días más.

Paciente: Me es imposible. Tengo que volver al trabajo. No puedo abandonar mis negocios.

Médico: ¿Cree que realmente necesita usted trabajar tanto?

Paciente: Sí. ¿Qué otra cosa puedo hacer? Es lo que he hecho siempre y no sé vivir de otra manera.

Médico: Intente desarrollar sus aficiones. Usted necesita llevar una vida tranquila. ¿Por qué no escucha música o lee para pasar el tiempo?

Paciente: ¿Escuchar música? ¿Leer? ¿Cree usted que puedo perder el tiempo de esa manera?

Médico: Pues tendrá que hacerlo o, de lo contrario, no durará mucho. ¿No podría irse a vivir al campo?

Paciente: ¿Qué dice? ¿Y abandonarlo todo? Está usted loco. ¡No! ¡Jamás!

OBSERVA:

Tengo Tienes	que	aprender idiomas

Debo Necesito	ir al médico

He	de	viajar mucho

I. ¿A dónde tienes que ir si quieres…?

1. Cortarte el pelo.
2. Comprar un billete de avión.
3. Aprender a hablar español.
4. Curar una enfermedad.
5. Alquilar un apartamento.
6. Ser enfermero.

II. ¿Qué debes hacer cada día? Escribe una pequeña redacción y expónsela a tus compañeros de clase.

III. Ahora pregunta a dos de tus compañeros:

Tú: —¿Qué tienes que hacer esta tarde?
    —¿A qué hora?
    —Y por la noche, ¿qué tienes que hacer?

Compañero A: { ....
....

Compañero B: { ....
....

26 PROBABLEMENTE SERA EL RADIADOR

(En la estación de servicio)

Cliente: Buenos días. Póngame gasolina. El depósito lleno, por favor.

Empleado: ¿Súper o normal?

Cliente: Súper. Y mire también el aceite y el agua.

Empleado: Muy bien. (…) El aceite está bien. Pero el agua está muy baja; debe perder algo. Quizá sea el radiador.

Cliente: Es posible. Tengo que poner agua cada poco.

Empleado: Debería ir usted a un taller. Puede quemarse el motor si se queda sin agua.

Cliente: Tiene usted razón. ¿Podría indicarme un taller de confianza?

Empleado: De confianza… no sé; pero a la entrada de la ciudad encontrará usted uno. Se llama «La Rueda». Allí podrá arreglar su coche.

Cliente: Gracias. ¿Cuánto es la gasolina?

Empleado: Dos mil setecientas cincuenta pesetas.

(En un taller de reparaciones)

Cliente: Buenos días. Tengo una avería en el coche. ¿Podría mirarlo?

Mecánico: ¿De qué se trata?

Cliente: Pierde mucha agua. Probablemente es por causa del radiador.

Mecánico: ¿Tiene usted que echar agua a menudo?

Cliente: Sí, con bastante frecuencia.

Mecánico: *(mira el coche)* Creo que el radiador está bien. Puede ser la bomba del agua. O algún tubo de conducción. Efectivamente. Es la bomba del agua. Tiene un escape. Tendrá que cambiarla.

Cliente: De acuerdo. Le dejo el coche. ¿Cuándo estará arreglado?

Mecánico: Pase usted esta tarde hacia las siete.

Cliente: Muy bien. Estaré aquí a esa hora. Hasta luego.

(En la ciudad; en el metro)

Aurelio: Ahora tendremos ocasión de viajar en metro o en autobús. Tengo el coche estropeado...

Jacinta: Sí, ya hace tiempo que no lo hacemos. Y a mí me gustaría ir en metro. Debe ser interesante. Nunca he ido en metro.

Aurelio: Además es rápido. Mira. Allí enfrente hay una estación.

Aurelio: Dos billetes, por favor.
Taquillera: Son veintiséis pesetas.

(En el metro)

Jacinta: ¡Qué calor! y ¡cuánta gente! Esto parece una ciudad subterránea.

Aurelio: Es verdad. En verano no es muy agradable viajar en metro. Pero es muy rápido. Ya te lo dije. Así da gusto. En pocos minutos estaremos en el centro.

Jacinta: Me parece que quedan cuatro estaciones para llegar a la Plaza Mayor... A pesar del calor, es estupendo.

Aurelio: La próxima estación ya es la Plaza Mayor. Todavía es pronto. Tendremos tiempo para ir de compras y tomar un refresco en la plaza.

Jacinta: Sí, y con el dinero que hemos ahorrado en gasolina podré también comprarme un recuerdo de la ciudad.

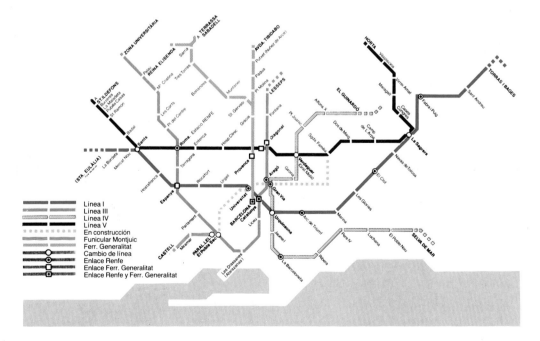

I. Pregunta a tu compañero, según el modelo.

> A: El coche está estropeado. Puede ser la bomba de agua.
> B: Sí, probablemente es la bomba de agua.

el aceite del motor	la dinamo
el acelerador	la batería
el líquido de frenos	el embrague
el motor	

II. Expresa varias posibilidades para explicar un hecho

Marta viste bien:
- Quizá sea rica.
- Puede que sea rica.
- Probablemente es rica.
- Debe ser rica.

1. Ha tenido un accidente.
2. Han robado cuatro millones en el banco.
3. La puerta del piso estaba abierta.
4. Ha aprobado todos los exámenes.
5. Ha comprado el coche más caro del mercado.

III. Completa:

Juez: ¿Ha visto usted a este hombre alguna vez?

Testigo: ....

Juez: ¿Quizá es su amigo?

Testigo: No, ...

Juez: ¿Cuándo lo conoció?

Testigo: .... seguro; .... 1975.

Juez: ¿Salió con él la noche del día 11?

Testigo: No, pero ....

Juez: Entonces le vio esa noche.

Testigo: ....

Juez: Puede usted retirarse. Eso es todo.

I. Expresa tu sorpresa o sentimientos sobre esta foto:

II. Expresa tu opinión sobre los dibujos:

¿Qué puede haber sido?

¿Qué no pudo ser?

III. Completa según el modelo:

> Del metro de Moscú se dice: ¡Qué limpio!
>
> ¡Qué rápido!
>
> ¡Qué cómodo!
>
> ¡Cuánta gente viaja!

1. Del avión «Concorde».
2. Del avión espacial.
3. Del autobús en una ciudad grande.
4. De un «Mercedes».
5. De un computador.

LA VIDA REAL...

Juan: Ha sido una carrera estupenda. ¿Has visto cómo adelantaba Fangio a todos los contrarios?

Pedro: Sí. ¡Qué velocidades! Debe ser un hombre extraordinario, superdotado. Coge las curvas como si fueran rectas.

Juan: Es el mejor. Me da pena por Rulfo. También es un gran corredor, pero creo que tuvo mala suerte.

Pedro: No lo sé. Creo que no es muy buen corredor. Le faltan reflejos y no sabe aprovechar las ocasiones.

Juan: Pero es valiente y audaz. ¿Viste cómo salía al principio, en la salida? ¡Qué fuerza y qué arranque! Pero en seguida tuvo una avería; y luego otra...

Pedro: La suerte también cuenta en las carreras.

Juan: Pero tener suerte no es saber conducir...

Pedro: Bueno, pero ¿no hemos ganado la apuesta? ¡Vamos a celebrarlo! Y ¡viva Fangio!

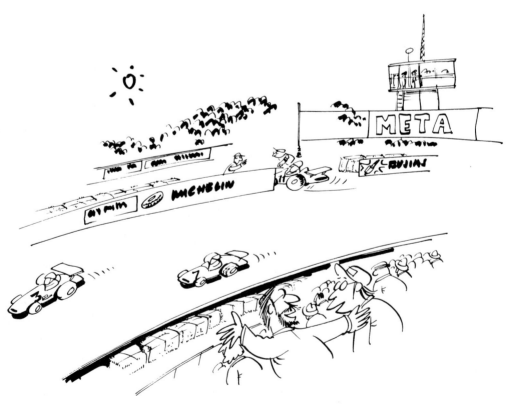

OBSERVA:

I.

Este coche	debe	perder agua
		estar estropeado

Quizá	sea	el radiador
		la bomba del agua

Probablemente	es la bomba del agua

No lo sé
No estoy seguro
Probablemente será la bomba del agua
Es posible

¡Qué calor!
¡Cuánta gente!
¡Qué velocidad!

II. Diálogo:

A: ¿Qué hora es?
B: No lo sé. Pero deben ser las dos.

Es la una y cuarto.

Es la una menos cuarto.

Son las dos menos veinte.

Son las dos.

Son las dos y media.

Son las cinco menos cinco.

Son las cinco.

Son las cinco y diez.

161

27 SEGUN NOTICIAS NO CONFIRMADAS...

«El Gobierno anunció ayer un plan de ahorro de energía. Por tal motivo, los coches de matrícula impar solamente podrán comprar gasolina los lunes, miércoles y viernes. Los coches de matrícula par podrán adquirir gasolina los martes, jueves y sábados. Los domingos estarán cerradas todas las gasolineras y estaciones de servicio.»

«Según noticias no confirmadas, el Secretario General del Partido en el Gobierno ha visitado esta mañana al Rey en el Palacio Real. Ayer, el mismo Secretario General visitó al Presidente del Parlamento en su despacho oficial.

»Según fuentes bien informadas, en ambas entrevistas se han tratado temas de interés nacional.»

«La peseta se ha revalorizado en el mercado internacional de divisas. Hace dos días la peseta se cotizaba a razón de sesenta y seis con cincuenta pesetas por dólar USA. Hoy se ha cotizado a sesenta y seis con diez pesetas por dólar USA.»

«El Real Madrid ha ganado una vez más el campeonato de fútbol. El Real Madrid ganó ayer al Málaga por tres goles a dos en partido jugado en la capital de España. El capitán del equipo recibió la Copa entre los aplausos y gritos de un público emocionado.»

«La ciudad de León ha quedado sin transporte público. La empresa de transportes urbanos ha renunciado a prestar este servicio después de tres semanas de huelga por parte de los trabajadores.
»El Ayuntamiento se enfrenta así a un grave problema ciudadano, no fácil de resolver.»

I. Ha habido una manifestación de estudiantes en tu país.

  Cuéntalo como si informaras por la radio.

II. **En tu último viaje en avión... Cuéntalo:**

Una avería mecánica en el avión.
La gente tiene miedo.
El avión aterriza con dificultades.

III. **Completa:**

Según la agencia EFE, ... primer Secretario de Estado .... un accidente de automóvil cerca .... Badajoz, cuando .... a Portugal .... en
viaje oficial.

El accidente .... en una curva de la carretera, debido, al parecer, al ....
de velocidad.

El automóvil cayó por un pequeño terraplén.

.... las mismas fuentes, ... heridos graves, ... no muertos.

I. Cuenta un robo en el Banco Central:

«Esta mañana ....
....
....
....
....
....
....
.... »

II. Recorta dos noticias de un periódico.
   Léelas; luego resúmelas.

III. Comenta qué ha hecho Pedro en su viaje a Sudamérica:

IV. Comenta el texto de la página LA VIDA REAL.

LA VIDA REAL...

Inquietud en Granada por la frecuencia de temblores sísmicos

Un nuevo terremoto de mediana intensidad, que tuvo una pequeña réplica varios minutos después, volvió a sacudir la ciudad de Granada y parte de la provincia alrededor de las 11,15 horas de la noche del jueves. Se trata del cuarto movimiento sísmico que se registra en Granada desde el pasado 20 de marzo y el tercero en esta última semana, lo que ha hecho despertar entre la población cierto clima de miedo e inquietud ante la posibilidad de una catástrofe seria, como la que en abril de 1956 asoló y destruyó varias localidades de la vega granadina cercanas a sierra Elvira y numerosos edificios de la propia capital.

El seísmo de la medianoche del jueves, del que hasta el momento no se tienen noticias que haya producido daños materiales o personales importantes, alcanzó una intensidad de cuatro grados en la escala Mercalli modificada y liberó energía en su foco equivalente a una magnitud de grado tres en la escala *standard*. El epicentro en esta ocasión se localizó entre las poblaciones de Armilla y Churriana, situadas a unos cinco kilómetros de la capital granadina, según datos de la Sección Geofísica del Observatorio Universitario de Cartuja, en coordinación con el Instituto Geográfico Nacional.

Con anterioridad, hacia las cuatro de la madrugada del mismo jueves día 3, se registró otra sacudida sísmica de menor magnitud, pero que también fue sentida por bastantes personas a pesar de lo avanzado de la hora.

OBSERVA:

I.

Según	fuentes noticias	fidedignas de última hora	el Gobierno… el Primer Ministro…

El Gobierno El Ayuntamiento	anunció ha confirmado	que…

La peseta La ciudad	se	ha revalorizado ha quedado sin luz	debido a (que)…

Ha tenido lugar Se ha celebrado Se ha fijado la fecha de	el campeonato mundial de fútbol

II.

No viene **nadie.**
No vino **nadie.**
No ha venido **nadie.**

III. Niega según el modelo:

A: ¿Quién .... ?
B: No ...….............................

llegar
entrar
ir a Sevilla
pedir el libro
leer la novela
poner la radio

(El día antes de la boda, Luis está con sus amigos)

Luis:	¡La última copa de soltero!
Amigos:	¡A tu salud!
Luis:	¡A la vuestra! ¿Quién será el próximo?
Pedro:	¿El próximo qué?
Luis:	El próximo en casarse, hombre.
Pedro:	Yo espero ser el último.
Luis:	No hables, eso nunca se sabe.
Miguel:	Peor para ti. Yo fui el primero y no me arrepiento.
Pedro:	Yo prefiero seguir siendo libre.
Miguel:	No hables así. El novio se va a poner triste.
Pedro:	No. El será feliz. Te deseo un matrimonio muy feliz y que tengas muchos hijos.
Luis:	No, eso no. ¡La vida está muy cara!

(En casa de la novia. El día de la boda. Ella está con sus amigas)

Amiga 1: El vestido es precioso. Te sienta muy bien.

Amiga 2: Y el ramo, ¿lo habéis visto? Es una maravilla.

Novia: Se está haciendo tarde. Todavía no ha llegado la madrina.

Amiga 1: La madrina acompaña al novio. Quien tiene que venir es el padrino.

Novia: Espero que llegue a tiempo.

Amiga 1: El velo, tengo que ponerte el velo. ¿Dónde está?

Amiga 2: Chica, ¡qué nerviosa estás! Cálmate. Me gustaría estar vestida de novia como tú.

Novia: Seguro que serás la próxima.

Amiga 2: ¡Qué va! Mi novio no acaba de decidirse. Dice que quiere ser libre. No lo entiendo.

Novia: Eso lo dicen todos, pero luego acaban casándose.

(Los novios salen de la Iglesia)

Invitados: ¡Viva el novio!

Invitado 1: ¡Viva la novia! ¡Vivan los novios!

Invitado 2: ¡Os deseo un matrimonio muy feliz!

Invitado 3: ¡Que seáis muy felices!

Invitado 4: ¡Enhorabuena! ¡Mucha felicidad!

Invitado 5: ¡Que tengáis mucha suerte!

Novios: Gracias. Muchas gracias a todos.

Invitado 6: ¡Que dure toda la vida!

Invitado 7: ¡Que tengáis un viaje muy feliz!

Novia: Gracias. Besos a todos.

I. Un amigo tuyo se casa. Felicítale de tres formas diferentes:

1. ¡ .... !
2. ¡ .... !
3. ¡ .... !

II. Recibes esta tarjeta de invitación a una boda. Escribe una tarjeta de respuesta deseando mucha felicidad a los novios:

Manuel y María

Os esperamos el 21 de Mayo a las 5 de la tarde en la Iglesia de Ntra. Sra. de la Salud.

Sr. José Luis Villena
SE RUEGA CONTESTACION.

Querido amigo:
   Me ha alegrado mucho la noticia de tu boda. Es para mi un placer aceptar ....
....
....
....

III. Un amigo tuyo celebra su cumpleaños. Felicítale:

A: ¡ .... !
B: Gracias, muchas gracias.
A: ¿ .... ?
B: Cumplo veinticinco.
A: ¡ .... !

IV. Ahora escribe una tarjeta disculpándote porque no puedes asistir a una boda. Expresa en ella deseos de felicidad para los novios. Usa frases como *«me alegro», «siento mucho», «os deseo»…*

....
....
....
....
....

Expresa deseos para cada una de las siguientes situaciones:

1. *Estás en la estación despidiendo a tus amigos:*

Ellos: Es hora de subir al tren. ¡Hasta la
  vista!
  Tú: ¡......................! ¡ .... !

2. *Un amigo tuyo va a participar en una competición deportiva. Deséale suerte:*

El: Ha llegado el momento decisivo.
Tú: ....

3. *Tu compañero va a hacer un examen:*

El: Ya son las nueve. Tengo que entrar.
Tú: ¡ .... !

4. *Tu amiga ha comprado un número de lotería. Tú deseas que gane el primer premio:*

Ella: Tengo el número 25.214
  Tú: ¡ .... !

5. *Expresa buenos deseos...*

6. *Tu amigo hace un viaje a España. Le deseas que aprenda mucho español:*

El: Vengo a despedirme. Mañana salgo para España.
Tú: ¡ .... !

LA VIDA REAL...

Carlos Mª y Silvia

*Nos complace invitarles al enlace,
que tendrá lugar en la Ermita de Nuestra Señora de
Bruguès, en la Ctra. de Gavá a Begas Km. 5,
a las 12,30 del día 25 de Octubre,
y posteriormente al almuerzo que tendrá lugar
en el Restaurante La Masia.*

Rogamos confirmación

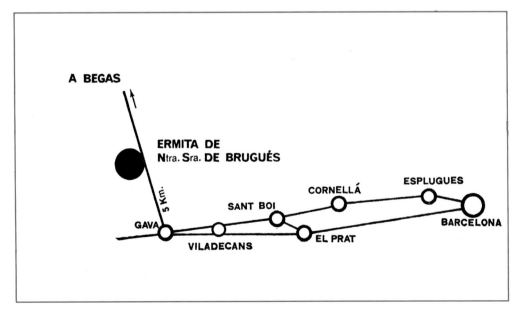

OBSERVA:

I.

¡Que	tengas tenga usted tengáis	mucha suerte! un feliz viaje!

II.

¡Que	seas sea usted seáis	muy feliz! muy felices!

III.

Os Le	deseo	buen viaje

IV.

Deseo Espero	que	llegues ganes apruebes aprendas subas	el primero el primer premio el examen mucho español la montaña

V.

¡Ojalá	sea cierto! gane el premio! llegues el primero!

EJERCICIO:

Haz frases con «ojalá»:

1. Luis va a participar en una carrera.   ¡ .... !
2. Carmen tiene un número de lotería.   ¡ .... !
3. Miguel y Pilar acaban de casarse.   ¡ .... !
4. Estrella va a participar en un concurso.   ¡ .... !

29 PREFERIRÍAMOS UN ESTILO MODERNO

(En una tienda de muebles)

Vendedor: ¿En qué puedo servirles?

Cliente: Querríamos amueblar y decorar nuestro piso.

Vendedor: ¿Tienen ustedes ya alguna idea concreta sobre cómo hacerlo?

Cliente: Sí, preferiríamos un estilo moderno.

Vendedor: Miren. Aquí tienen muebles para la sala de estar. Este es de línea muy moderna.

Cliente: Sí. Pero el color no me convence. Yo querría un color más alegre, no tan oscuro como éste. Además, el mueble librería me parece demasiado grande para nuestro comedor.

Vendedor: Observen este otro modelo. Es de tonos más claros. Y el precio está muy rebajado.

Cliente: ¿Cuánto cuesta exactamente?

Vendedor: Noventa y cinco mil pesetas, incluidas mesa y seis sillas modelo «Tafetán».

Cliente: El precio es un poco alto. *(a su mujer)* ¿Te gusta, Carmen?

Carmen: No sé. Me gustaría una mesa más sencilla. Y el color… Me agradaría algo todavía más claro.

Vendedor: Aquí no tengo más modelos. Pero les puedo enseñar el catálogo, si ustedes lo desean.

Cliente: Muchas gracias. No se preocupe por ahora. Volveremos en otra ocasión. Hasta luego.

Vendedor: Adiós. Hasta otro día.

(En otra tienda de muebles)

Carmen: *(lee)* SE VENDEN MUEBLES ANTIGUOS.
SE ADMITEN MUEBLES NUEVOS A CAMBIO.
Esta tienda no nos interesa. Allí enfrente veo otra. Vamos a entrar. Seguro que tendrán más modelos.

Vendedor: Buenos días, ¿qué desean?

Cliente: Buscamos muebles para la sala de estar.

Vendedor: Síganme, por favor. ¿Cómo los desearían?

Carmen: De estilo moderno y de colores claros y alegres.

Vendedor: En esta misma sala tienen varios modelos.

Cliente: Este de la izquierda nos gusta. ¿Qué medidas tiene?

Vendedor: Veamos. Dos cuarenta metros de ancho por... dos metros de alto y cuarenta centímetros de fondo.

Cliente: Estupendo. ¿Y el precio?

Vendedor: Ochenta y dos mil pesetas si lo pagan ustedes al contado. Si desean pagarlo a plazos les costará veinte mil pesetas de entrada y cinco mil quinientas pesetas al mes durante un año...

Cliente: Muy bien. Nos quedaremos con este modelo. También necesitamos una cama de matrimonio.

Vendedor: ¿La quieren ustedes con mueble en la cabecera o sin él?

Cliente: Con mueble.

Vendedor: Esta está bien de precio y es muy elegante. Lleva dos lámparas, radio y despertador electrónico.

Carmen: Me gusta. Además hace juego con el comedor. Y de tamaño creo que nos irá bien. ¿Cuánto cuesta?

Vendedor: Treinta y ocho mil pesetas sin colchón. Los colchones los hay de muchos precios.

Cliente: El colchón ya lo tenemos. ¿Podríamos pagarla también a plazos?

Vendedor: Por supuesto. Serían tres mil quinientas al mes, sin entrada.

Cliente: De acuerdo. Nos quedaremos con el mueble y esta cama.

Vendedor: Muy bien. Han hecho ustedes una buena compra. Dentro de un par de días los tendrán en casa.

I. Responde según los dibujos:

	te gustaría	comprar?
1. ¿Qué	desearías	tener?
	querrías	hacer?
	agradaría	

2. Y ¿de qué tamaño?

II. Pide a tu compañero que exprese sus preferencias sobre:

1. La vida en el campo o en la ciudad.
2. Muebles modernos o antiguos.
3. Coches o bicicletas.
4. Energía atómica o energía solar.

III. Explica cuáles son tus preferencias en torno a:

música	radio
bailes	lecturas
deportes	comidas
tiempo libre	cine
televisión	

176

I. ¿Qué viaje o viajes preferirías y por qué?

Preferencias

1.ª ....
....

2.ª ....
....

3.ª ....
....

4.ª ....
....

LOS VIAJES

PRIMAVERA • SEMANA SANTA

Selección de Viajes

Viaje en avión de línea regular, Hoteles, traslados y visitas.
Salidas desde Madrid y Barcelona.

DESTINO	DIAS	desde Ptas.
CUBA Y MEXICO OPCIONAL	12/15	66.125
TUNEZ	1 y 2 SEMANAS	31.950
YUGOSLAVIA	8/15	28.750
EGIPTO	8/10	75.650
FANTASIA ITALIANA	8	62.875
RUSIA	8	67.500
CHINA	16	212.300

II. Tus preferencias en el vestir:

	Modelo «lana»	Modelo «algodón»	Colores
traje	16.000	17.500	colores a elegir
chaqueta	6.900	8.000	colores a elegir
abrigo	19.000	23.500	beige, gris, azul
pantalón	9.000	10.200	colores a elegir

III. Haz anuncios según el modelo:

SE VENDE EDIFICIO

2 plantas, calle Provisiones, esquina calle Espino. Ordenanza 1er grado. Permitidas 4 plantas sobre rasante. Almacén planta calle y 4 pisos en 2ª planta.

Teléfonos
239 48 50 y 407 35 02

1. Alquiler de coches.
2. Venta de muebles antiguos.
3. Compra-venta de monedas antiguas.
4. Fotos de todas clases.
5. Viajes especiales y rebajados.

LA VIDA REAL...

Camarero:	¿Qué tomarán ustedes?
Juan:	¡Eh, vosotros! ¿Qué tomamos?
María:	Yo querría algo refrescante. ¿Tiene naranjada?
Camarero:	Se nos ha acabado. Pero tenemos zumo de naranja.
María:	Pues un zumo de naranja. Bien fresco.
Teresa:	Yo un bíter, por favor.
Camarero:	¿Con alcohol o sin alcohol?
Teresa:	Con alcohol.
Manuel:	A mí me apetecería un vino. ¿Tiene jerez seco? «Tío Pepe», por ejemplo.
Camarero:	Sí. Un «Tío Pepe» para usted. ¿Y usted señorita?
Sara:	Para mí un cuba libre.
Camarero:	¿Con ginebra o con ron?
Sara:	Con ginebra. Y póngale dos hielos, por favor.
Camarero:	Muy bien. ¿Desean algo de tapa?
Juan:	Sí. Traiga una de aceitunas rellenas y otra de patatas fritas. Y para mí una cerveza bien fresca.
Camarero:	En seguida, señores.

OBSERVA:

I.

Querría Querríamos Preferiría Desearía Me agradarían	amueblar el piso colores alegres

Se venden Se admiten	.	muebles antiguos muebles usados

Este mueble	mide	2,40 metros 20 cms. de ancho

¿Cuáles	son	las medidas	del mueble?
¿Cuál	es	la medida	de la cama?

II. Lee y comenta estos anuncios.

Agustín:	Oye, Roberto. No entiendo bien. ¿Qué dicen en la tele?
Roberto:	Dicen que el ministro llegará a la ciudad dentro de unos días.
Agustín:	¡Ah, bueno! Siempre dicen lo mismo. He oído esto mismo cinco veces en los últimos meses. ¡Y nunca ha venido! Por cierto, ¿es éste todavía el ministro don Antonio Sala?
Roberto:	No, hombre, no. Ya hace tiempo que han cambiado de ministro. El ministro de ahora se llama don José Díaz.
Agustín:	¿Y qué? ¿Es un buen ministro?
Roberto:	Dicen que sí, que viaja mucho, que ve las cosas por sí mismo... Pero, ¡ya sabes! Todos son igual...
Agustín:	¿Cómo? ¿Qué dices?
Roberto:	¡Que todos son igual!
Agustín:	Ah, sí, claro. Todos son igual.

Policía:	¿Qué les ha ocurrido? ¿Algún accidente?
Isabel:	Gracias a Dios que ha llegado usted. Sí, hemos tenido un accidente y este señor es el culpable.
José:	No, no. La culpable es ella.
Policía:	Vamos a ver… Usted señora, dice que el culpable es él; y este señor dice que la culpable es usted.
Isabel:	Mire; yo venía por mi izquierda y este señor me adelantó en lugar prohibido, con raya continua. Entonces…
José:	¡No es cierto! Adelantaba con raya discontinua. ¡No estaba prohibido!
Policía:	¿Dónde ocurrió el accidente exactamente? Vamos a ver. ¿Aquí? Usted, señor, dijo que había adelantado con raya discontinua… Pues aquí hay raya continua.
Isabel:	Exactamente, como yo dije.
José:	Pero el adelantamiento fue antes. Aquí ya la había adelantado. Y además ella aceleró cuando yo adelantaba…
Policía:	Veo que no se ponen de acuerdo.
Isabel:	Pero usted dijo antes que yo tenía razón…
Policía:	Pagarán ustedes una multa de mil pesetas cada uno. Usted, por adelantar peligrosamente, y usted, señora, por acelerar cuando él adelantaba.

I.

a) **Lee:**

Querido amigo:

Acabo de llegar a Buenos Aires. He tenido un vuelo estupendo. La aproximación al continente americano fue maravillosa. Se veía toda la costa hasta São Paulo. Era precioso. Luego fuimos por el interior hasta Buenos Aires, atravesando el Río de la Plata. Es un río enorme. En España incluso el Ebro es un riachuelo comparado con el Río de la Plata.

En el aeropuerto me esperaban tus amigos. Son muy amables. He comido con ellos en un restaurante típico. ¡Qué filetes! Por la noche iremos a ver Buenos Aires «de noche». Ya te contaré.

Un abrazo,

Carlos

b) **Cuenta de nuevo:**

—¿Qué dice Carlos en su carta?
—Dice que ....

II.

a) **Tu cantante preferido ha hecho unas declaraciones:**

1. «Mis canciones tienen mucho éxito»
2. «Soy el mejor»
3. «Mis discos se venden mucho»
4. «Tengo dos discos de oro»
5. «El mes que viene haré una gira por Sudamérica»

b) **¿Qué dice tu cantante preferido?**
   ¿Qué dijo tu cantante preferido?

I. El labrador habla del tiempo y dice/dijo que…

II. Completa según el modelo:

Fuma demasiado. Se pondrá enfermo.

—Dice que fuma demasiado y se pondrá enfermo.

—Dijo que fumaba demasiado y se pondría enfermo.

1. «Llega tarde. Perderá el tren»
2. «Viene el ministro. Arreglarán la carretera»
3. «No llueve. Hará buen tiempo»
4. «Conduce mal. Pagará una multa»

III.

a) **Lee:**

A: ¿Dónde has estado esta tarde?
B: En el club «Los Tarantos»
A: ¿Solo o acompañado?
B: Hombre, es un secreto.

A: Seguro que Laura…
B: Con Laura, no.
A: Entonces con Teresa.
B: Sí, y lo pasé muy bien.

b) —¿Qué dice/dijo A a B?

  —¿Qué dice/dijo B a A?

LA VIDA REAL...

Cliente: Necesito un crédito. ¿Pueden ustedes concedérmelo?

Director: ¿Tiene usted cuenta corriente con nosotros?

Cliente: No. Tengo una cartilla de ahorro.

Director: Está bien. Está bien. ¿Puede indicarme dónde trabaja?

Cliente: Pues la verdad… No puedo decírselo.

Director: No es nuestro deseo obligarle a usted. Pero necesitamos alguna información para concederle el crédico. En caso contrario, el banco no se lo concederá.

Cliente: Bueno, no tengo trabajo fijo…

Director: Pero ahora, ¿dónde trabaja? O ¿cuánto gana usted al mes?, si lo prefiere así.

Cliente: La verdad… ahora no trabajo… y no gano nada… Por eso he venido aquí a pedirle dinero…

Director: Mire usted; estamos en crisis. Será un poco difícil. Haré todo lo posible…, pero no se lo garantizo a usted.

Cliente: Pero es que tengo cinco hijos… Necesito darles de comer. Además, encontraré trabajo pronto. Le aseguro que se lo devolveré todo y pagaré los intereses.

Director: Sí, le creo a usted. No lo dude. Pero los bancos son los bancos. No podemos regalar el dinero.

Cliente: Ya, ya.

Director: Venga usted dentro de un mes. Quizá entonces…

OBSERVA:

I.

Dice Dicen	que	viene ha venido vendrá venía	a verte cada día

Dijo Dijeron	que	venía había venido vendría	a verte cada día

II. Ejercicio-sugerencia:

Escucha las noticias por la radio.
Escribe lo que ha dicho el locutor usando las formas:

«dice…»
«dijo…»

apéndice
complementario
y de
consulta

COMPENDIO DE FORMAS GRAMATICALES

I. ARTÍCULOS

EL LA	librO plumA	UN UNA	profesor profesorA	AL
LOS LAS	librOS plumAS	UNOS UNAS	profesorES profesorAS	DEL

II. DETERMINATIVOS

ESTE ESTA	libro mesa	blancO nuevA	AQUEL AQUELLA	vestido falda	verdE
ESTOS ESTAS	libros mesas	blancOS nuevAS	AQUELLOS AQUELLAS	vestidos faldas	verdES

POSESIVOS

MI TU SU	cuadro revista	MIS TUS SUS	cuadros revistas

COMPARACIÓN

El libro es		MÁS MENOS	barato	QUE	el cuaderno
		TAN	bonito	COMO	
Es	el libro	MÁS	interesante de la biblioteca		

Nota

BUENO MALO PEQUEÑO GRANDE	MEJOR PEOR MENOR MAYOR	EL MEJOR EL PEOR EL MENOR EL MAYOR

III. PRONOMBRES

YO TÚ ÉL, ELLA, USTED NOSOTROS VOSOTROS ELLOS, ELLAS, UDS.	ME TE SE NOS OS SE	(para) MÍ TI SÍ, ÉL, ELLA, ... NOSOTROS VOSOTROS ELLOS, ELLAS, ...

MÍO TUYO SUYO	MÍOS TUYOS SUYOS	NUESTRO VUESTRO SUYO	NUESTROS VUESTROS SUYOS
MÍA TUYA SUYA	MÍAS TUYAS SUYAS	NUESTRA VUESTRA SUYA	NUESTRAS VUESTRAS SUYAS
EL MÍO EL TUYO EL SUYO	LOS MÍOS LOS TUYOS LOS SUYOS	LOS NUESTROS LOS VUESTROS LOS SUYOS	
LA MÍA LA TUYA LA SUYA	LAS MÍAS LAS TUYAS LAS SUYAS	LAS NUESTRAS LAS VUESTRAS LAS SUYAS	

LO LOS	veo veo	LA LAS	quiero quiero

IV. NUMEROS

1	uno/a		30	treinta
2	dos		40	cuarenta
3	tres		50	cincuenta
4	cuatro		60	sesenta
5	cinco		70	setenta
6	seis		80	ochenta
7	siete		90	noventa
8	ocho		100	cien
9	nueve		200	dos-cientos/as
10	diez		300	tres-cientos/as
11	once		400	cuatro-cientos/as
12	doce		500	quinientos/as
13	trece		600	seis-cientos/as
14	catorce		700	setecientos/as
15	quince		800	ocho-cientos/as
16	dieciséis		900	novecientos/as
17	diecisiete		1.000	mil
18	dieciocho		2.000	dos mil
19	diecinueve		3.000	tres mil
20	veinte		100.000	cien mil
21	veintiuno/a		1.000.000	un millón/es
22	veintidós		2.000.000	dos millones
....			1.000.000.000.000	un billón/es

Números de orden

1.º	primero		7.º	séptimo
2.º	segundo		8.º	octavo
3.º	tercero		9.º	noveno
4.º	cuarto		10.º	décimo
5.º	quinto		11.º	undécimo
6.º	sexto		12.º	duodécimo.

13 décimotercio — cero
14   cuarto.

20º vigésimo
30º trigésimo

V. VERBOS

SER	*HABER*	*ESTAR*
SOY ERES ES SOMOS SOIS SON	HAY	ESTOY ESTÁS ESTÁ ESTAMOS ESTÁIS ESTÁN

REGULARES

1.ª conjugación: CANTAR

Presente	*Imperativo*	*Futuro*	*Pret. perfecto*	*Estar+gerundio*
cantO		cantarÉ	he cantado	estoy cantando
cantAS	cantA	cantarÁS	has cantado	estás cantando
cantA		cantarÁ	ha cantado	está cantando
cantAMOS		cantarEMOS	hemos cantado	estamos cantando
cantÁIS	cantAD	cantarÉIS	habéis cantado	estáis cantando
cantAN		cantarÁN	han cantado	están cantando

2.ª conjugación: COMER

Presente	*Imperativo*	*Futuro*	*Pret. perfecto*	*Estar+gerundio*
comO		comerÉ	he comido	estoy comiendo
comES	comE	comerÁS	has comido	estás comiendo
comE		comerÁ	ha comido	está comiendo
comEMOS		comerEMOS	hemos comido	estamos comiendo
comÉIS	comED	comerÉIS	habéis comido	estáis comiendo
comEN		comerÁN	han comido	están comiendo

Presente	Imperativo	Futuro	Pret. perfecto	Estar+gerundio
vivO	vivE	vivirÉ	he vivido	estoy viviendo
vivES		vivirÁS	has vivido	estás viviendo
vivE		vivirÁ	ha vivido	está viviendo
vivIMOS		vivirEMOS	hemos vivido	estamos viviendo
vivÍS	vivID	vivirÉIS	habéis vivido	estáis viviendo
vivEN		vivirÁN	han vivido	están viviendo

PRESENTES IRREGULARES

E ⟶ IE

EMPEZAR	
CERRAR	EMPIEZO
QUERER	
SENTIR	EMPIEZAS
PENSAR	
RECOMENDAR	EMPIEZA
PREFERIR	
APRETAR	EMPEZAMOS
ENCENDER	
FREGAR	EMPEZÁIS
PERDER	
TENER (tengo, ...)	EMPIEZAN
VENIR (vengo, ...)	

E ⟶ I

SEGUIR	PIDO
	PIDES
PEDIR	PIDE
	PEDIMOS
	PEDÍS
SERVIR	PIDEN

193

PRESENTES IRREGULARES *(Cont.)*

PERO

caer	⟶	CAYENDO
oír	⟶	OYENDO
construir	⟶	CONSTRUYENDO
venir ⟶ (vengo)	⟶	VINIENDO
poder ⟶ (puedo)	⟶	PUDIENDO

O ⟶ UE

PODER	PUEDO
DORMIR	PUEDES
VOLVER	PUEDE
CONTAR	PODEMOS
COSTAR	PODÉIS
ENCONTRAR	PUEDEN
LLOVER	

	OBEDE**ZCO**
OBEDECER	OBEDECES
AGRADECER	OBEDECE
CONDUCIR	OBEDECEMOS
PARECER	OBEDECÉIS
	OBEDECEN

	CAIGO
CAER	CAES
	CAE
	CAEMOS
TRAER	CAÉIS
	CAEN

	HAGO
HACER	HACES
SALIR	HACE
OÍR	HACEMOS
PONER	HACÉIS
	HACEN

FUTUROS IRREGULARES

tener	tendr-	
poner	pondr-	**É**
venir	vendr-	**ÁS**
salir	saldr-	**Á**
haber	habr-	
poder	podr-	
saber	sabr-	**EMOS**
querer	querr-	**ÉIS**
decir	dir-	**ÁN**
hacer	har-	

GERUNDIO DE LOS VERBOS IRREGULARES

estoy		
estás	**PINTANDO**	la casa
está		
estamos	**ESCRIBIENDO**	una carta
estáis		
están	**BEBIENDO**	agua

Infinitivo	*Presente*	*Gerundio*
pintar	pint-**O**	pint-**ANDO**
beber	beb-**O**	beb-**IENDO**
escribir	escrib-**O**	escrib-**IENDO**

poder	puedo	pud-**IENDO**
dormir	duermo	durm-**IENDO**
sentir	siento	sint-**IENDO**
seguir	sigo	sigu-**IENDO**
pedir	pido	pid-**IENDO**
decir	digo	dic-**IENDO**

PRETÉRITOS INDEFINIDOS IRREGULARES

estar andar tener poder poner saber hacer querer venir	*estuv-* *anduv-* *tuv-* *pud-* *pus-* *sup-* *hic-* *quis-* *vin-*	**-E** **-ISTE** **-O** **-IMOS** **-ISTEIS** **-IERON**
traer decir conducir producir	*traj-* *dij-* *conduj-* *produj-*	**-E** **-ISTE** **-O** **-IMOS** **-ISTEIS** **-ERON**

PRETÉRITO INDEFINIDO DE LOS VERBOS EN -IR QUE CAMBIAN LA RAÍZ EN EL PRESENTE

	Presente	*Indefinido*
DORMIR	duermo duermes duermen dormimos dormís duermen	**DORMÍ** **DORMISTE** **DURMIÓ** **DORMIMOS** **DORMISTEIS** **DURMIERON**
PEDIR	pido pides pide pedimos pedís piden	**PEDÍ** **PEDISTE** **PIDIÓ** **PEDIMOS** **PEDISTEIS** **PIDIERON**

VI. CONJUGACIONES

VERBO AMAR

MODO INFINITIVO

Formas simples

Infinitivo	....	am-**ar**
Gerundio	....	am-**ando**
Participio	....	am-**ado**

Formas compuestas

Infinitivo	....	haber amado
Gerundio	....	habiendo amado

MODO INDICATIVO

Presente

Yo	am-**o**
Tú	am-**as**
El	am-**a**
Nos.	am-**amos**
Vos.	am-**áis**
Ellos	am-**an**

Futuro imperf.

Yo	am-**aré**
Tú	am-**arás**
El	am-**ará**
Nos.	am-**aremos**
Vos.	am-**aréis**
Ellos	am-**arán**

Pret. imperfecto

Yo	am-**aba**
Tú	am-**abas**
El	am-**aba**
Nos.	am-**ábamos**
Vos.	am-**abais**
Ellos	am-**aban**

Pret. perfecto

he	amado
has	amado
ha	amado
hemos	amado
habéis	amado
han	amado

Pret. indefinido

Yo	am-**é**
Tú	am-**aste**
El	am-**ó**
Nos	am-**amos**
Vos.	am-**asteis**
Ellos	am-**aron**

Pretérito plusc.

había	amado
habías	amado
había	amado
habíamos	amado
habíais	amado
habían	amado

MODO POTENCIAL

Simple o imperf.

Yo	am-**aría**
Tú	am-**arías**
El	am-**aría**
Nos.	am-**aríamos**
Vos.	am-**aríais**
Ellos	am-**arían**

MODO IMPERATIVO

Presente

Am-**a**	*tú*
Am-**e**	*él*
Am-**emos**	*nosotros*
Am-**ad**	*vosotros*
Am-**en**	*ellos*

MODO SUBJUNTIVO

Presente

am-**e**
am-**es**
am-**e**
am-**emos**
am-**éis**
am-**en**

Pret. perfecto

haya	amado
hayas	amado
haya	amado
hayamos	amado
hayáis	amado
hayan	amado

P. imp. (1.ª f.ª)

am-**ara**
am-**aras**
am-**ara**
am-**áramos**
am-**arais**
am-**aran**

P. plusc. (1.ª f.ª)

hubiera	amado
hubieras	amado
hubiera	amado
hubiéramos	amado
hubierais	amado
hubieran	amado

P. imp. (2.ª f.ª)

am-**ase**
am-**ases**
am-**ase**
am-**ásemos**
am-**aseis**
am-**asen**

P. plusc. (2.ª. f.ª)

hubiese	amado
hubieses	amado
hubiese	amado
hubiésemos	amado
hubieseis	amado
hubiesen	amado

Futuro imperf.

am-**are**
am-**ares**
am-**are**
am-**áremos**
am-**areis**
am-**aren**

VERBO TEMER

MODO INFINITIVO

Formas simples

Infinitivo	....	tem-**er**
Gerundio	....	tem-**iendo**
Participio	....	tem-**ido**

Formas compuestas

Infinitivo	....	haber temido
Gerundio	....	habiendo temido

MODO INDICATIVO

Presente

Yo	tem-**o**
Tú	tem-**es**
El	tem-**e**
Nos.	tem-**emos**
Vos.	tem-**éis**
Ellos	tem-**en**

Futuro imperf.

Yo	tem-**eré**
Tú	tem-**erás**
El	tem-**erá**
Nos.	tem-**eremos**
Vos.	tem-**eréis**
Ellos	tem-**erán**

Pret. imperfecto

Yo	tem-**ía**
Tú	tem-**ías**
El	tem-**ía**
Nos.	tem-**íamos**
Vos.	tem-**íais**
Ellos	tem-**ían**

Pret. perfecto

he	temido
has	temido
ha	temido
hemos	temido
habéis	temido
han	temido

Pret. indefinido

Yo	tem-**í**
Tú	tem-**iste**
El	tem-**ió**
Nos	tem-**imos**
Vos.	tem-**isteis**
Ellos	tem-**ieron**

Pretérito plusc.

había	temido
habías	temido
había	temido
habíamos	temido
habíais	temido
habían	temido

MODO POTENCIAL

Simple o imperf.

Yo	tem-**ería**
Tú	tem-**erías**
El	tem-**ería**
Nos.	tem-**eríamos**
Vos.	tem-**eríais**
Ellos	tem-**erían**

MODO IMPERATIVO

Presente

Tem-**e**	*tú*
Tem-**a**	*él*
Tem-**amos**	*nosotros*
Tem-**ed**	*vosotros*
Tem-**an**	*ellos*

MODO SUBJUNTIVO

Presente

tem-**a**
tem-**as**
tem-**a**
tem-**amos**
tem-**áis**
tem-**an**

Pret. perfecto

haya	temido
hayas	temido
haya	temido
hayamos	temido
hayáis	temido
hayan	temido

P. imp. (1.ª f.ª)

tem-**iera**
tem-**ieras**
tem-**iera**
tem-**iéramos**
tem-**iérais**
tem-**ieran**

P. plusc. (1.ª f.ª)

hubiera	temido
hubieras	temido
hubiera	temido
hubiéramos	temido
hubiérais	temido
hubieran	temido

P. imp. (2.ª f.ª)

tem-**iese**
tem-**ieses**
tem-**iese**
tem-**iésemos**
tem-**iéseis**
tem-**iesen**

P. plusc. (2.ª. f.ª)

hubiese	temido
hubieses	temido
hubiese	temido
hubiésemos	temido
hubieseis	temido
hubiesen	temido

Futuro imperf.

tem-**iere**
tem-**ieres**
tem-**iere**
tem-**iéremos**
tem-**iereis**
tem-**ieren**

VERBO PARTIR

MODO INFINITIVO

Formas simples

Infinitivo	part-**ir**
Gerundio	part-**iendo**
Participio	part-**ido**

Formas compuestas

Infinitivo	haber partido
Gerundio	habiendo partido

MODO INDICATIVO

Presente

Yo	part-**o**
Tú	part-**es**
El	part-**e**
Nos.	part-**imos**
Vos.	part-**ís**
Ellos	part-**en**

Futuro imperf.

Yo	part-**iré**
Tú	part-**irás**
El	part-**irá**
Nos.	part-**iremos**
Vos.	part-**iréis**
Ellos	part-**irán**

Pret. imperfecto

Yo	part-**ía**
Tú	part-**ías**
El	part-**ía**
Nos.	part-**íamos**
Vos.	part-**íais**
Ellos	part-**ían**

Pret. perfecto

he	partido
has	partido
ha	partido
hemos	partido
habéis	partido
han	partido

Pret. indefinido

Yo	part-**í**
Tú	part-**iste**
El	part-**ió**
Nos.	part-**imos**
Vos.	part-**isteis**
Ellos	part-**ieron**

Pretérito plusc.

había	partido
habías	partido
había	partido
habíamos	partido
habíais	partido
habían	partido

MODO POTENCIAL

Simple o imperf.

Yo	part-**iría**
Tú	part-**irías**
El	part-**iría**
Nos.	part-**iríamos**
Vos.	part-**iríais**
Ellos	part-**irían**

MODO IMPERATIVO

Presente

Part-**e**	*tú*
Part-**a**	*él*
Part-**amos**	*nosotros*
Part-**id**	*vosotros*
Part-**an**	*ellos*

MODO SUBJUNTIVO

Presente

part-**a**
part-**as**
part-**a**
part-**amos**
part-**áis**
part-**an**

Pret. perfecto

haya	partido
hayas	partido
haya	partido
hayamos	partido
hayáis	partido
hayan	partido

P. imp. (1.ª f.ª)

part-**iera**
part-**ieras**
part-**iera**
part-**iéramos**
part-**ierais**
part-**ieran**

P. plusc. (1.ª f.ª)

hubiera	partido
hubieras	partido
hubiera	partido
hubiéramos	partido
hubierais	partido
hubieran	partido

P. imp. (2.ª f.ª)

part-**iese**
part-**ieses**
part-**iese**
part-**iésemos**
part-**ieseis**
part-**iesen**

P. plusc. (2.ª. f.ª)

hubiese	partido
hubieses	partido
hubiese	partido
hubiésemos	partido
hubieseis	partido
hubiesen	partido

Futuro imperf.

part-**iere**
part-**ieres**
part-**iere**
part-**iéremos**
part-**iereis**
part-**ieren**

CONJUGACION REFLEXIVA DEL VERBO   L A V A R S E

MODO INFINITIVO

Formas simples		Formas compuestas	
Infinitivo	lavarse	*Infinitivo*	haberse lavado
Gerundio	lavándose	*Gerundio*	habiéndose lavado

MODO INDICATIVO

Presente — Futuro imperf.

	Presente		Futuro imperf.
me	lavo	me	lavaré
te	lavas	te	lavarás
se	lava	se	lavará
nos	lavamos	nos	lavaremos
os	laváis	os	lavaréis
se	lavan	se	lavarán

Pret. imperfecto — Pret. perfecto

	Pret. imperfecto		Pret.	perfecto
me	lavaba	me	he	lavado
te	lavabas	te	has	lavado
se	lavaba	se	ha	lavado
nos	lavábamos	nos	hemos	lavado
os	lavabais	os	habéis	lavado
se	lavaban	se	han	lavado

Pret. indefinido — Pretérito plusc.

	Pret. indefinido		Pretérito	plusc.
me	lavé	me	había	lavado
te	lavaste	te	habías	lavado
se	lavó	se	había	lavado
nos	lavamos	nos	habíamos	lavado
os	lavasteis	os	habíais	lavado
se	lavaron	se	habían	lavado

MODO POTENCIAL

Simple o imperf.

me	lavaría
te	lavarías
se	lavaría
nos	lavaríamos
os	lavaríais
se	lavarían

MODO IMPERATIVO

Presente

Lávate	*tú*
Lávese	*él*
Lavémonos	*nosotros*
Lavaos	*vosotros*
Lávense	*ellos*

MODO SUBJUNTIVO

Presente — Pret. perfecto

	Presente		Pret.	perfecto
me	lave	me	haya	lavado
te	laves	te	hayas	lavado
se	lave	se	haya	lavado
nos	lavemos	nos	hayamos	lavado
os	lavéis	os	hayáis	lavado
se	laven	se	hayan	lavado

P. imp. (1.ª f.ª) — P. plusc. (1.ª f.ª)

	P. imp. (1.ª f.ª)		P. plusc.	(1.ª f.ª)
me	lavara	me	hubiera	lavado
te	lavaras	te	hubieras	lavado
se	lavara	se	hubiera	lavado
nos	laváramos	nos	hubiéramos	lavado
os	lavarais	os	hubierais	lavado
se	lavaran	se	hubieran	lavado

P. imp. (2.ª f.ª) — P. plusc. (2.ª. f.ª)

	P. imp. (2.ª f.ª)		P. plusc.	(2.ª. f.ª)
me	lavase	me	hubiese	lavado
te	lavases	te	hubieses	lavado
se	lavase	se	hubiese	lavado
nos	lavásemos	nos	hubiésemos	lavado
os	lavaseis	os	hubieseis	lavado
se	lavasen	se	hubiesen	lavado

Futuro imperf.

me	lavare
te	lavares
se	lavare
nos	laváremos
os	lavareis
se	lavaren

vocabulario
utilizado

LECCION 1

a
amigo, el
bien
bueno
club, el
cómo
de
del
día, el
director, el
el
estar
ésta

éstos
éste
encantado
gracias
gusto, el
¡hola!
hijo, el
llamar/se
mi
mujer, la
mucho
muy
nombre, el

qué
ser
señor, el
se
su
tú
te
tal
también
usted
y
yo

EXPRESIONES

a ver
mucho gusto

─INSTRUCCIONES A LOS ALUMNOS ─

—**Conversación: completa el siguiente diálogo de presentación. Formal. Coloquial.**
—**Completa: presenta a tus amigos.**
—**Completa según el modelo.**
—**Di qué hace y dónde trabaja.**
—**Haz un diálogo para cada dibujo.**
—**Observa.**
—**Pregunta a tu compañero cómo se llama y cómo está.**
—**Rellena el siguiente impreso.**

LECCION 2

VOCABULARIO

actor, el
así
ama de casa
arquitecto, el
banco, el
colegio, el
¡claro!
casa, la
campo de fútbol, el
dónde
divertido
dependiente, el
en
enfermera, la
empleado, el

escuela, la
fiesta, la
futbolista, el
fábrica, la
fútbol, el
hacer
hospital, el
interesante
mañana, la
médico, el
mecánico, el
madre, la
necesitar
no
nacional

oficina, la
pintor, el
profesor, el
pesado
publicidad, la
pues
padre, el
quién
secretario, el
trabajar
tarde, la
técnico, el
taller, el
tienda, la
un

EXPRESIONES

a veces
¿a qué estamos hoy?

┌─INSTRUCCIONES A LOS ALUMNOS ──────────────────────────────────────

　　　—Pregunta a tus compañeros según los dibujos.
　　　—Preséntate a tus compañeros.
　　　—Practica con tu compañero según el modelo.

LECCION 3

VOCABULARIO

aquello	fácil	
aprender	fruta, la	pera, la
aquéllas	fresco	peseta, la
algo	frutería, la	perdonar
aquí	feo	patata, la
¡ah!	falda, la	pequeño
abrigo, el	gustar	pastelería, la
bonito	grande	pastel, el
buen	gafas, las	pescadería, la
barato	hablar	panadería, la
botas, las	hay	pollería, la
blusa, la	ir	pan, el
con	joven	pollo, el
carne, la	judías, las	paraguas, el
cuánto	kilo	pantalón, el
cereza, la	lugar, el	querer
col, la	lechuga, la	repetir
comprender	largo	reloj, el
comprar	mercado, el	redondo
caro	mirar	sueco
carnicería, la	melón, el	significar
camisa, la	manzana, la	sí
corbata, la	medio	señorita, la
calcetín, el	más	sandía
chaqueta, la	melocotón, el	tomate, el
desear	maduro	todo
estudiante, el	moderno	traje, el
español, el	naranja, la	venir
ella	nuevo	verdura, la
explicar	oscuro	ver
esto	poco	verde
eso	palabra, la	vendedor, el
ésas	pescado, el	vestido, el
exacto	pulpo, el	viejo
estupendo	para	zapato, el

EXPRESIONES

a ver
perdón

┌─INSTRUCCIONES A LOS ALUMNOS ──────────────────────────────────────
　　　—Describe tus cosas.
　　　—Identificación de cosas.
　　　—Identifica y pregunta por las cosas del mercado.
　　　—Practica según los modelos siguientes
　　　—Practica según el modelo siguiente con los elementos de las columnas.
　　　—Vas al mercado. Compras un kilo de pescado... Habla con los vendedores. Pregunta precios.

LECCION 4

VOCABULARIO

apetecer
ahora
algún
agradable
allí
al
año, el
cerveza, la
cuando
campo, el
cerca
conmigo
compromiso, el
cuánto
creer
coca-cola, la
cine, el
copa, la
cenar
descansar
domingo

distancia, la
este
edad, la
entonces
favor, el
fin de semana, el
fecha, la
famoso
hoy
invitar
lo
lunes
limonada, la
marzo
mañana
naranjada, la
por
preferir
pues
plan, el
pueblo, el

pescar
por qué
pero
parecer
que
río, el
sangría, la
semana, la
saber
sentir
sábado
tomar
tener
ti
tónica, la
teatro, el
vino, el
viernes
vez, la
whisky, el
ya

EXPRESIONES

de vez en cuando
por favor

INSTRUCCIONES A LOS ALUMNOS

—**Escribe un diálogo.**
—**Invita a un amigo a...**
—**Mira el calendario del mes y pregunta.**
—**Mira el plano de la página y responde.**

LECCION 5

VOCABULARIO

adiós
alegre
acuerdo, el
antes
ahí
agua, el
anuncio, el
bocadillo, el
bar, el
bailar
comer
cita, la
cartelera, la
cómico
camarero, el
café, el

carta, la
desayunar
dejar
decir
discoteca, la
escuchar
esta
familia, la
frente (en)
guerra, la
generalmente
hambre, el
los
levantarse
las
leer

leche, la
libro, el
música, la
mal
novela, la
oír
otro
periódico, el
poner
película, la
pasar
poder
parque, el
pasear
revista, la
sobre

sed, la	tarde, la	último
si	tiempo, el	vaso, el
tarde		

EXPRESIONES

de acuerdo
lo siento
por la tarde
por la mañana

┌─ *INSTRUCCIONES A LOS ALUMNOS* ─────────────────────────────

—**Acciones habituales y actuales.**
—**Completa: tus domingos.**
—**Estudia los diálogos y practica con tus compañeros.**
—**Hace sol. Estás con un amigo. Hacéis planes para pasar la tarde.**
—**Practica con tu compañero utilizando los modelos de I y las formas del recuadro siguiente.**
—**Sugiere actividades a tu compañero.**

LECCION 6

VOCABULARIO

agente, el	coche, el	metro, el
apartamento, el	cómodo	piso, el
alquiler, el	dormitorio, el	público
autobús, el	dar	pensión, la
buscar	ducha, la	pagar
baño, el	entrar	propósito, el
balcón, el	entrada, la	soltero
bañera, la	estación, la	sala de estar, la
bastante	fuera	salón, el
casado	hotel, el	solo
cocina, la	habitación, la	situado
centro, el	importar	tranquilo
calle, la	jardín, el	teléfono, el
cuarto de baño, el	luz, la	trabajo, el
completo	lavabo, el	ventana, la
celebrar	lejos	vivir
ciudad, la	mes, el	visita, la

EXPRESIONES

a gusto
a propósito
no importa

┌─ *INSTRUCCIONES A LOS ALUMNOS* ─────────────────────────────
—**Ahora habla del piso donde tú vives.**
—**Contesta a estas preguntas.**
—**Elige el lugar donde te gustaría vivir.**
—**Indica la situación de los siguientes lugares.**
—**Necesitas alquilar un apartamento.**
—**Siguiendo el modelo anterior, entrevista a una pareja que tú conoces, utilizando algunos de los elementos.**

LECCION 7

VOCABULARIO

aleman
ayudar
abrir
Alemania
Argentina
barco, el
cuándo
cansado
cama, la
divertirse
declarar
estudiar
España
estupendo
Estados Unidos
fregar
Francia

gente, la
Hispanoamérica
histórico
hora, la
Inglaterra
Italia
inglés
jueves
luego
Londres
llegar
monumento, el
museo, el
martes
México
Madrid
miércoles

nada
noche, la
país, el
porque
puerto, el
plato, el
pronto
permanecer
Perú
Rusia
suerte, la
salir
todavía
tren, el
unos
visitar
viaje, el

INSTRUCCIONES A LOS ALUMNOS

—**Completa tu agenda de la semana.**
—**Diálogo. Pregunta a tu compañero de dónde es.**
—**Imagínate tú mismo la hora de llegada.**

LECCION 8

VOCABULARIO

avenida, la
acabar
agradecer
concierto, el
¿dígame?
dirección, la
decisión, la
despacho, el
durar
equivocarse

encantar
encontrar/se
echar
empezar
importancia, la
italiano
información, la
marcar
momento, el
número, el

nota, la
nos
ninguno
ocupado
¿oiga?
parte, la
poner/se
recepcionista, el
recado, el
telefonear

EXPRESIONES

¿dígame?
de nada
¿de parte de quién?
de nuevo
¿oiga?

INSTRUCCIONES A LOS ALUMNOS

—**Completa: recibes una llamada de tu amigo. Hacéis planes para cenar juntos.**
—**Practica ahora con tu compañero. El vende entradas en la taquilla de un cine. Tú telefoneas para saber…**
—**Solicitando información.**

LECCION 9

VOCABULARIO

avisar
ascensor, el
alarmarse
andar
ayuda, la
apagar
acera, la
allá
bloque, el
bombero, el
bajar
basura, la
bebida, la
calmarse
conservar
calma, la
consejo, el
cerrar
cada
ciudadano, el
cuidar
casi
centenar
cuidado, el

deber
dolor, el
deportivo
después
en seguida
enfermo
fuerte
gas, el
gasolina, la
habitante, el
incendio, el
inmediatamente
jabón, el
limpiar
limpio
llave, la
mismo
mantener
niño, el
ocurrir
ordenadamente
policía, la
pedir
perder

puerta, la
persiana, la
planta, la
papel, el
papelera, la
pastilla, la
peligroso
rápidamente
regar
sacar
serenidad, la
sucio
sol, el
segundo, el
todo
trozo, el
tirar
usar
vecino, el
vacaciones, las
volver
ventilar
zumo, el

┌─ INSTRUCCIONES A LOS ALUMNOS ─

—Dialoga con tu compañero según el modelo.
—Ejercicio. Niega lo que sigue.
—Lee el texto. Luego aconseja.
—Tu amigo tiene miedo de viajar en avión. Dale algunos consejos.

LECCION 10

VOCABULARIO

aburrido
alegría, la
academia, la
biblioteca, la
casualidad, la
coger
clásico
clase, la
cristal, el
compañero, el
diario, el
dormir
deprisa
desastre, el

durante
él
entrevistador, el
entrevistado, el
encuesta, la
esperar
entrevista, la
historia, la
hasta
juntos
jugar
libre
mentira, la
pensar

punto, el
programa, el
puntual
prohibido
ping-pong, el
radio, la
recordar
romper
saludar
taxi, el
TV.
unas

EXPRESIONES

dar un paseo
en punto

por casualidad
por la noche

—Cuenta lo que has hecho/visto/visitado durante las últimas vacaciones.
—Estás de viaje. Escribe una carta/postal a tus padres o a un amigo.
—Haz una entrevista a tu compañero. Has estado de viaje con tu familia. Cuenta lo que habéis visto.

LECCION 11

VOCABULARIO

actividad, la
barrio, el
como
comunicación, la
cliente, el
cultural
conferencia, la
consultorio, el
cafetería, la
cultura, la
chico, el
donde
deporte, el
diversión, la
excelente
exposición, la
educación, la
farmacia, la
funcionar

guardería, la
infantil
línea, la
local, el
medio, el
nuestro
norte
nosotros
nocturno
obra, la
plano, el
planificado
practicar
piscina, la
privado
preocuparse
reunión, la
restaurante, el
ruido, el

rápido
situado
supermercado, el
servicio, el
social
sauna, la
sala de cine, la
sanidad
transporte, el
tipo
tardar
urbanización, la
urgencia, la
universidad, la
vivienda, la
varios
zona, la
zoo, el

INSTRUCCIONES A LOS ALUMNOS

—Ahora piensa en una ciudad que conoces bien. Habla de su situación y describe las facilidades de todo tipo que ofrece.
—Describe el entorno.
—Estudia el diálogo y anota en el lugar adecuado los servicios que el vendedor enumera.
—Haz planes para construir una escuela ideal. Di qué servicios ofrecerá la nueva escuela.
—¿Por qué no le gusta su barrio al señor de la página anterior? Enumera las causas.
—¿Qué servicios hacen falta para hacer de tu barrio un lugar más agradable?
—Sugerencia: haz una exposición del resultado de tus notas ante tus compañeros de clase.
—Sin alejarte de tu barrio, ¿qué puedes hacer un sábado por la tarde? Contesta haciendo comentarios.

LECCION 12

VOCABULARIO

alguien
alegrarse
asomarse
botella, la
beber
bistec, el
bolsillo, el
compartir
comida, la

conocer
cocinera, la
carta, la
cigarrillo, el
colgar
escribir
ensalada, la
encender
florero, el

favorito
fumar
huevo, el
jerez, el
jamón, el
nervioso
oler
oficina, la
preparar

postre, el
pintar
paella, la
paquete, el
queso, el

ramo, el
rosa, la
servir
sopa, la
sonar

traer
tarta, la
tortilla, la
tranquilamente

┌─INSTRUCCIONES A LOS ALUMNOS ────────────────────────────────

—Contesta: ¿qué están haciendo tus compañeros?

LECCION 13

VOCABULARIO

andén, el
asiento, el
arriba
afeitar
billete, el
bolso, el
caer
cuadro, el
cosa, la
devolver
expreso, el
encima

extranjero, el
elegir
guardar
hoja, la
lápiz, el
llegada, la
maleta, la
mío
mamá
máquina, la
objeto, el
pesar

prenda, la
revisor, el
subir
sólo
salida, la
suyo
taquilla, la
tu
tuya
tocadiscos, el
vuelo, el
vestir

EXPRESIONES

no hace falta
¡venga!

┌─INSTRUCCIONES A LOS ALUMNOS ────────────────────────────────

—Completa con los datos aportados.
—Haz lo mismo con...

LECCION 14

VOCABULARIO

Ayuntamiento, el
acompañante, el
abuelo, el
alto
bajo
caminar
conmigo
derecho
delgado
excursión, la

gordo
guapo
hombre
hermano, el
indicar
inteligente
memoria, la
moreno
nieto, el
normal

primo, el
preguntar
puro, el
pérdida, la
quedarse
rubio
sobrino, el
seguro
siempre
tío, el

al lado
a la derecha

—**Describe a tus familiares.**
—**Completa el diálogo: padre e hijo preguntan a una señora por un familiar.**

LECCION 15

VOCABULARIO

amanecer, el
ayer
anteayer
bañarse
bicicleta, la
claro, el
costa, la
cielo, el
caliente
despejado
esquiar
fotografía la
frío, el

frecuencia, la
húmedo
haber
invierno, el
llover
lluvia, la
mediodía
meterse
menudo/a
nordeste
nube, la
niebla, la
nevar

otoño, el
presión, la
peligro, el
primavera, la
pasado
riesgo, el
rato, el
soleado
temperatura, la
verano, el
viento, el
vez, la

EXPRESIONES

a mediodía
al amanecer

a menudo
con frecuencia

hace un rato

—**Describe el tiempo del lugar donde vives.**

LECCION 16

VOCABULARIO

acera, la
aire, el
aspirina, la
camino, el
cuestión, la
compartimento, el
colocar
cabeza, la
calmar
correos
disculpar
doler
disco, el

diccionario, el
edificio, el
final, el
fuego, el
girar
izquierda, la
intentar
imposible
molestia, la
molestar
necesario
plaza, la
pie, el

placer, el
prestar
quitar
recto
resfriado
seguir
semáforo, el
suerte, la
sentar
suave
sombrero, el
voluntad, la
volumen, el

EXPRESIONES

a la izquierda   a pie   por supuesto
al final   ¿de veras?

┌─ *INSTRUCCIONES A LOS ALUMNOS* ───

—**Pide informacion a un señor en la calle sobre: una farmacia, el parque, el zoo, un museo, un hospital, la estación, el aeropuerto…**
—**Ahora pide un favor a un amigo.**
—**Niega favores cortésmente.**

LECCION 17

VOCABULARIO

azafata, la   duro   menos
aeropuerto, el   ducharse   ocuparse
aspecto, el   decoración, la   peinarse
autocar, el   empezar   pintarse
alfombra, la   estrecho   ropa, la
acostarse   juego, el   sábana, la
ancho   librería, la   temprano
blanco   marido, el   toalla, la
cambiar   medida, la   tela, la
cortina, la   manta, la   vestirse
colcha, la   mejor   vida, la
color, el

EXPRESIONES

a cuadros
de color

┌─ *INSTRUCCIONES A LOS ALUMNOS* ───

—**Cuenta ahora lo que hace José en un día de trabajo.**
—**Pregunta a tu compañero y anota sus respuestas en la hoja del diario.**
—**Escribe ahora una composición acerca de las actividades diarias de tu compañero y léela ante la clase.**
—**Completa. Estás decorando un apartamento. Necesitas ropa para el dormitorio y el baño. Vas a la tienda.**
—**Hablas con un médico. Contesta a sus preguntas.**
—**Compara ambos ejercicios.**

LECCION 18

VOCABULARIO

adorno, el   conjunto, el   jersey, el
azul   costar   lana, la
amarillo   escaparate, el   moda, la
aproximado   gastar   marrón
blusa, la   gris   modelo, el
bandera, la   justo   medias, las

212

negro
prisa, la
precioso
pana, la
precio, el

plástico, el
piel, la
pañuelo, el
rebajas, las

rojo
separado
total
talla, la

EXPRESIONES

en total

┌*INSTRUCCIONES A LOS ALUMNOS* ─────────────────────────

—**Vas a una tienda. Deseas comprar unas medias. Completa indicando talla y color.**

LECCION 19

VOCABULARIO

abajo
atún, el
azúcar, el
bolívar, el
cereza, la
cebolla, la
central, la
dinero, el
dólar, el
espárragos, los

filósofo, el
franco suizo, el
firmar
franco francés, el
florín, el
libra esterlina, la
lira, la
moneda, la
merluza, la
marco alemán, el

melocotón en almíbar, el
probablemente
pasaporte, el
peso, el
razón, la
resto, el
sardina, la
suelto
tanto
valer

EXPRESIONES

de compras

┌*INSTRUCCIONES A LOS ALUMNOS* ─────────────────────────

—**Mira el mercado de divisas de la página anterior. Compara el valor de cada moneda.**
—**Extensión en kilómetros cuadrados de países de habla hispana. Compáralos entre sí o con algún país que tú conoces.**
—**Lo que puedes hacer en un banco.**

LECCION 20

VOCABULARIO

antes (de)
agencia, la
acercarse
animal, el
avión, el

cambio, el
cuchillo, el
cuchara, la
cazar
cocido, el

callarse
copiar
dentro (de)
dudar
dibujar

despertarse
dictado, el
empresa, la
elegido
entregar
equipaje, el
estancia, la
elefante, el
guía
grupo, el
hacia

instrucción, la
listo
león, el
matar
particular
palacio, el
página, la
recepción, la
recoger
reservar
real

refresco, el
servilleta, la
sentarse
selva, la
salvaje
sofá, el
turístico
turismo, el
tenedor, el
valor, el
vacunarse

EXPRESIONES

al anochecer

┌─ *INSTRUCCIONES A LOS ALUMNOS* ─────────────────────────

—Un grupo de amigos prepara un viaje-safari por Africa. Di qué deben hacer.
—Unos amigos llegan por vez primera a Madrid. ¿Qué deben hacer? Dales instrucciones.
—Da órdenes a tu compañero según el modelo.
—Da las instrucciones oportunas para tener buena salud, según el ejercicio anterior.

LECCION 21

VOCABULARIO

aproximadamente
aconsejar
conocer
catedral, la
capital, la
derecha, la
delante

entender
frente (de)
girar
guardia, el
mayor
merecer

perderse
pasaje, el
pirámide, la
seguramente
tampoco
villa, la

EXPRESIONES

de frente

┌─ *INSTRUCCIONES A LOS ALUMNOS* ─────────────────────────

—Describe cuatro puntos del plano.
—Llegas por primera vez a México. Vas a la Oficina de Información y Turismo.
—Explícaselo a tu compañero.

LECCION 22

VOCABULARIO

actualmente
arte, el
bello
cal, la
cumplir
diario, el
encargar/se

gritar
ganar
largo
luchar
necesidad, la
ocasión, la
periodista, el

profesión, la
presidente, el
quizá
soplar
siglo, el
vender
viento, el

214

┌INSTRUCCIONES A LOS ALUMNOS

—**Cuenta qué hacían tres personas de tu familia cuando eran más jóvenes.**
—**Describe tomando datos de cada columna.**

LECCION 23

VOCABULARIO

adelantar
anteponer/se
anciana, la
armario, el
autoservicio, el
bar, el
conferencia, la
complicar
colocar
difícil

disculpa, la
excusa, la
estropear
humor, el
inventar
interrumpir
igual
jefe, el
jazz, el
ordenar

olvidar
permiso, el
playa, la
partido, el
regalo, el
tratar/se
tenis, el
urgente
venta, la

EXPRESIONES

de mal humor

┌INSTRUCCIONES A LOS ALUMNOS

—**Propón un plan a alguien.**
—**Pide disculpas.**
—**Debes disculparte ante estas personas porque…**

LECCION 24

VOCABULARIO

ambulancia, la
boca, la
brazo, el
cabeza, la
cuerpo, el
comenzar
continuo
corazón, el
doctor, el
estómago, el

espalda, la
echarse
estirar
estupendamente
fiebre, la
grave
hondo
lado, el
llenar

mano, la
principio, el
pulso, el
pulmones, los
pierna, la
respirar
resfriado, el
termómetro, el
vientre, el

EXPRESIONES

al principio
de espaldas

de lado
de pie

guardar cama

—Te encuentras mal. Vas al médico. Explícale qué te pasa.
—Un amigo tiene mucha fiebre. Pregúntale por su salud y hazle recomendaciones para que mejore.
—Describe tu última enfermedad.
—Tu estado de salud.
—Tu horóscopo.
—Si estás enfermo puedes...

LECCION 25

VOCABULARIO

alcohol, el	deportista, el	natación, la
alcohólico	deporte, el	nadar
aburrido	desfile, el	posibilidad, la
animarse	entrenamiento, el	procurar
aburrirse	entrenar	piloto, el
aspirar	fatigar/se	sano
atleta, el	forma, la	sección, la
arriesgar	linterna, la	saco de dormir, el
bastar	libre	tarjeta, la
campeón, el	mantenerse	tratar
cuidarse	mecanografía, la	tienda
campeonato, el	mochila, la	uniforme, el

EXPRESIONES

en forma

INSTRUCCIONES A LOS ALUMNOS

—¿Qué tiene que hacer Miguel si quiere ganar el campeonato? Menciona cinco acciones.
—Escribe tres exigencias para cada una de las siguientes profesiones.
—Un amigo te sugiere planes. Tú no puedes complacerle. Discúlpate y da la razón por la que no puedes aceptar.

LECCION 26

VOCABULARIO

aceite, el	computador, el	posible
arreglar	depósito, el	próximo
avería, la	dinamo, la	quemarse
arreglado	efectivamente	radiador, el
ahorrar	escape, el	reparación, la
acelerador, el	estropeado	recuerdo, el
accidente, el	enfrente	robar
aprobar	embrague, el	retirarse
bomba, la	examen, el	super
batería, la	freno, el	subterráneo
confianza, la	líquido, el	seguro
causa, la	lleno	tubo, el
conducción, la	motor, el	verdad, la

—Expresa varias posibilidades para explicar un hecho.
—Expresa tu opinión sobre los dibujos.
—Expresa tu sorpresa.

LECCION 27

VOCABULARIO

anunciar
ahorro, el
adquirir
ambos
aplauso, el
aterrizar
automóvil, el
confirmado
cotizar
capitán, el
ciudadano, el
curva, la
carretera, la
divisa, la
dificultad, la
energía, la
equipo, el

emocionado
fuente, la
gobierno, el
gasolinera, la
general
gol, el
grito, el
huelga, la
herido, el
impar
informado
interés, el
internacional
jugado
motivo, el
matrícula, la

mecánico, el
miedo, el
muerto
oficial
plan, el
parlamento, el
problema, el
parecer, el
rey, el
revalorizarse
renunciar
resolver
trabajador, el
terraplén, el
urbano
velocidad, la

EXPRESIONES

a razón
al parecer

—Ha habido una manifestación de estudiantes en tu país. Cuéntalo como si informaras por la radio.
—Cuenta un robo en el Banco Central.
—Recorta dos noticias de un periódico. Léelas. Luego, resúmelas.
—Comenta qué ha hecho Pedro en su viaje a Sudamérica.

LECCION 28

VOCABULARIO

arrepentirse
acompañar
aceptar
boda, la
beso, el
casarse
decidir/se
despedirse

decisivo
enhorabuena, la
feliz
felicidad, la
iglesia, la
matrimonio, el
maravilla, la
madrina, la

novio, el
noticia, la
padrino, el
placer, el
salud, la
triste
vuestro
velo, el

EXPRESIONES

¡enhorabuena!

┌─ *INSTRUCCIONES A LOS ALUMNOS* ─────────────────────────────

—**Un amigo tuyo se casa. Felicítale de tres formas diferentes.**
—**Recibes una tarjeta de invitación a una boda. Escribe una tarjeta de respuesta deseando mucha felicidad a los novios.**
—**Un amigo tuyo celebra su cumpleaños. Felicítale.**
—**Ahora escribe una tarjeta disculpándote porque no puedes asistir a una boda. Expresa en ella deseos de felicidad para los novios. Usa frases como: «me alegro», «siento mucho», «os deseo»…**
—**Expresa deseos para cada una de las siguientes situaciones:**
  • **Estás en la estación despidiendo a tus amigos.**
  • **Un amigo tuyo va a participar en una competición deportiva. Deséale suerte.**
  • **Tu compañero va a hacer un examen.**
  • **Tu amiga ha comprado un número de lotería. Tú deseas que gane el primer premio.**
  • **Expresa buenos deseos para cada dibujo.**
  • **Tu amigo hace un viaje a España. Le deseas que aprenda mucho español.**
—**Haz frases con «ojalá»**

└───

LECCION 29

VOCABULARIO

amueblar	colchón, el	interesar
agradar	decorar	lámpara, la
antiguo	demasiado	lectura, la
atómico	despertador, el	mueble, el
baile, el	estilo, el	medida, la
beige	exactamente	observar
concreto	elegante	rebajado
convencer	electrónico	silla, la
catálogo, el	especial	sencillo
cambio, el	fondo	solar
contado	idea, la	tono, el
cabecera la	incluido	tamaño, el

EXPRESIONES

al contado
a plazos

┌─ *INSTRUCCIONES A LOS ALUMNOS* ─────────────────────────────

—**Pide a tu compañero que exprese sus preferencias sobre:**
—**Explica cuáles son tus preferencias en torno a:**
—**¿Qué viaje o viajes preferirías y por qué?**
—**Haz anuncios según el modelo.**
—**Lee y comenta estos anuncios.**

└───

LECCION 30

VOCABULARIO

adelantar
adelantamiento, el
acelerar
aproximación, la
americano
atravesar
amable
acompañado
culpable
continuo
continente, el

comparado
canción, la
Dios
discontinuo
enorme
éxito, el
filete, el
gira, la
interior
incluso

ministro, el
maravilloso
multa, la
oro, el
peligrosamente
raya, la
riachuelo, el
secreto, el
típico
vuelo, el

EXPRESIONES

gracias a Dios

INSTRUCCIONES A LOS ALUMNOS

—**Cuenta de nuevo.**
—**Tu cantante preferido ha hecho unas declaraciones.**
—**El labrador habla del tiempo y dice/dijo que…**

índice